Bryn Mawr Greek Commentaries

Homer
Odyssey I, VI, IX

Beth Severy

Thomas Library
Bryn Mawr College
Bryn Mawr, Pennsylvania

Copyright ©1991 by **Bryn Mawr Commentaries**

Manufactured in the United States of America
ISBN 0-929524-66-7
Printed and distributed by
Bryn Mawr Commentaries
Thomas Library
Bryn Mawr College
Bryn Mawr, PA 19010

Series Preface

These lexical and grammatical notes are meant not as a full-scale commentary but as a clear and concise aid to the beginning student. The editors have been told to resist their critical impulses and to say only what will help the student read the text. Our commentaries, then, are the beginning of the interpretive process, not the end.

We expect that the student will know the basic Attic declensions and conjugations, basic grammar (the common functions of cases and moods; the common types of clauses and conditions), and how to use a dictionary. In general we have tried to avoid duplication of material easily extractable from the lexicon, but we have included help with the odd verb forms, and recognizing that endless page-flipping can be counter-productive, we have provided the occasional bonus of assistance with uncommon vocabulary.

Production of these commentaries has been made possible by a generous grant from the Division of Education Programs, the National Endowment for the Humanities.

Richard Hamilton
General Editor

Volume Preface

This commentary, like others in this series, is meant to supplement an existing commentary, in this case the still very serviceable one of W.B. Stanford, whose extremely helpful introduction should be studied both before and while reading the text. This commentary differs from the others in offering a great deal of help with vocabulary, which proves such a burden at first reading. The assistance becomes noticeably less frequent as the commentary progresses; particularly common vocabulary is marked with an asterisk and glossed only two or three times.

This commentary was written and tested at Bryn Mawr College in 1989-90 with the support of a Dorothy Nepper Marshall Fellowship. We are grateful to Professor Mabel Lang for her advice and help.

Beth Severy
Richard Hamilton

Commentary

This commentary supplements that of W.B. Stanford (London 1958). References are abbreviated St. Unnumbered notes are to his text of the same line, others to his grammatical introduction.

Abbreviations:
S   H.W. Smyth, *Greek Grammar*, revised by G. Messing (Cambridge, Mass., 1956).
C   R.J. Cunliffe, *A Lexicon of the Homeric Dialect*, (London, 1924).
HWH A. Heubeck, S. West, J.B. Hainsworth, *A Commentary on Homer's Odyssey*, vol. 1 (Oxford, 1988).
sc.   "supply"
<   "is from"
*   common Homeric vocabulary

Book I

1. ἔννεπε: present imperative of ἐννέπω, "say, tell of."
   Μοῦσα: vocative singular.
   πολλά: adverbial accusative, "many times, much."

2. ἔπερσε < πέρθω.
   πλάγχθη < πλάζω, "drive back, make wander"; unaugmented aorist, as often in epic.
   πτολίεθρον = πόλιν.

3. ἴδεν < ὁράω, unaugmented aorist (see on 2).
   νόον: See St.
   ἔγνω: 3rd sing. aor. of γιγνώσκω.

4. ὅ: demonstrative pronoun, rarely an article in epic (St 11).
   ἄλγεα < ἄλγος, N, "pain, distress."
   ὅν: possessive personal pronoun, "his" (St 12.1-2).
   κατά: distributive, "within, throughout," as often.

5. ἀρνύμενος: See St.
   ἥν: possessive (see on 4).

6. ὥς = ὧς; with accent = demonstrative adverb, "thus."
   *ἑτάρους < ἑταῖρος, "companion."
   ἐρρύσατο: unaugmented aor. of ἐρύω, "keep, save"; the ρ is doubled for metrical purposes.
   ἱέμενος: "hastening, striving for, desiring"; < ἵημι.
   *περ: may be adversative, "even though, although," as here, or intensive, "very, even."

7. αὐτῶν: intensifies σφετέρῃσιν, an epic dative plural (see St 3); "their very own."
   ἀτασθαλίῃσιν < ἀτασθαλίη, "recklessness, rashness."
   ὄλοντο: unaugmented aor. of ὄλλυμι.

8. κατά...ἤσθιον: tmesis of κατεσθίω, "eat down, devour."

9. ὁ: See on 4; refers to Helios.
   τοῖσιν: epic dative of pronoun, as often with compound verbs.
   ἀφείλετο < ἀπο-αιρέω.
   νόστιμον: "of homecoming."

10. τῶν: gen. of article/pronoun with ἀμόθεν, "from any point."

11. *αἰπύν < αἰπύς, "sheer, steep, precipitous."

12. οἴκοι: "at home," locative of οἶκος.
    *ἠδέ: "and."

13. οἶον: "alone," not οἷον, "kind, sort."
    κεχρημένον < χράομαι, "use," in perf., "want, need" + gen.

14. *πότνι(α): "mistress, lady."
    *δῖα < δῖος, "bright, shining, glorious."

15. *σπέσσι < σπέος, "cave"; epic dative plural.
    γλαφυροῖσι: "hollow."
    λιλαιομένη < λιλαίομαι, "desire."
    *πόσιν: "spouse"; acc. sing. referring to Odysseus.

16. ἔτος...ἐνιαυτῶν: See St.

17. τῷ: dat. of 'time when,' the article being used as a demonstrative (St 11.2).
    οἱ: dat. of 3rd sing. pronoun with compound ἐπικλώθω, "spin (destiny), assign (lot)."

18-20: See St.

19. οἷσι: possessive pronoun (see on 4).
    ἐλέαιρον < ἐλεαίρω, "pity."

20. νόσφι: "apart from, except," + gen.
    ἀσπερχές < ἀσπερχής, adverbial neuter acc., "unceasingly."
    μενέαινε < μενεαίνω, "rage at, be angry with."

21. Ὀδυσῆι: 'Odysseus' is declined Ὀδυσσεύς, Ὀδυσσῆος or Ὀδυσῆος, Ὀδυσῆϊ, Ὀδυσῆα.
    *πάρος = πρίν.
    ἥν: See on 4.

22. μετεκίαθε: "visited."
    τηλόθ(ι): "far away."
    ἐόντας = ὄντας; Homeric εἰμί participles have an initial ε (St 17.5b).

23. τοί: nom. pl. of definite article, here used as a relative (St. 11.2).
    διχθά: "in two (ways/parts)."
    δεδαίαται = Ionic δεδαίνται, 3rd pl. of δαίω, "divide."
    ἔσχατοι < ἔσχατος, "extreme, most remote."

24. δυσομένου < δύω, "fall, set"; see St for 'mixed' aor.
    ἀνιόντος < ἀνά-εἶμι.

25. ἀντιόων < ἀντιάω, "reach, meet, take part in"; the α often becomes an o in contract verbs by assimilation.

26. *δαιτί < δαίς, δαιτός, F, "meal, banquet."
    παρήμενος < πάρημαι, "sit by, at or in enjoyment of," + dat.

27. Ζηνός: gen. of Zeus.
    *μεγάροισιν < μέγαρον, "room/main room or house/palace."

28. *μύθων: "speech"; gen. after ἄρχω, "begin."

29. ἀμύμονος: "blameless"; see St.
    Αἰγίσθοιο: epic genitive.

30. τόν: See on 23.
    ῥ' = ἄρα.
    τηλεκλυτός: "far-famed."

31. ἔπε' = ἔπεα.
    μετηύδα: imperf. of μεταυδάω, "speak."

32. ὢ πόποι: exclamation (see St).
    οἷον: adverbial in neut., "(to think) how"; exclamatory.
    νυ = enclitic, non-temporal νῦν, "then."
    ἀτιόωνται < αἰτιάομαι, "blame"; see on 25.

33. ἡμέων = ἡμῶν (St 10).
    ἔμμεναι: pres. infin. of εἰμί (St 17.4b).

34. ἀτασθαλίῃσιν: See on 7.
    ἄλγε(α): See on 4.
35. Ἀτρεΐδαο: "of the son of Atreus" (Agammemnon); Doric gen.
36. (ἐ)γῆμ(ε): 3rd sing. aor. of γαμέω.
    μνηστήν: "wooed, wedded."
    τόν: refers to Ἀτρεΐδαο.
    νοστήσαντα < νοστέω, "return, come back."
37. εἰδώς: sc. εἶναι.
    ἐπεί: "since."
    πρό: adverbial, "beforehand."
    οἱ: See on 17.
38. ἀργειφόντην: usually translated "slayer of Argos."
39. μνάασθαι < μνάομαι, "court, woo."
40. τίσις: "vengeance, retribution."
    ἔσσεται = ἔσεται.
41. ἡβήσῃ < ἡβάω, "be in one's prime."
    ἧς: See on 4.
    ἱμείρεται < ἱμείρω, "long for, turn one's mind to" + gen.
    *αἴης < αἶα, F, "earth, homeland."
42. *φρένας < φρήν, φρενός, F, the seat of emotion and thought, distinct from νόος and θύμος.
43. φρονέων = φρονῶν < φρονέω, "be inclined towards, meditate upon"; agrees with subj. Ἑρμείας.
    ἀπέτισε < ἀποτίνω, "pay back, pay a penalty."
44. ἠμείβετ' < ἀμείβω, "exchange, answer."
    *γλαυκῶπις: "owl-eyed" or perhaps "gray-eyed."
45. *ἡμέτερε < ἡμέτερος, "our."
    Κρονίδη: vocative of Κρονίδης, "son of Cronus" (Zeus).
    ὕπατε < ὕπατος, "highest, supreme."
    κρειόντων < κρείων, -οντος, M, "ruler, king."
46. καὶ λίην: "indeed, very much."
    *κεῖνος = Attic ἐκεῖνος.
    ἐοικότι < εἰκώς, "fitting, suitable," + dat.; εἰκώς = part. of ἔοικα.

κεῖται < κεῖμαι, "lie"; often used as pass. of τίθημι.

47. ὅτις...ῥέζοι: protasis of fut. less vivid with opt. of wish in apodosis, i.e., "thus may he perish...and any other who would..."
ῥέζοι < ῥέζω, "do."

48. δαΐφρονι < δαΐφρων, -ονος, "skilled (?)."
δαίεται < δαίω, "divide," not δαίω, "burn."
ἦτορ, N, "heart, soul, courage."

49. δυσμόρῳ: "doomed, ill-starred."
δηθά: "for a long time, long."
ἄπο: "(away) from"; accent indicates prep. goes with preceeding word (postpositive).

50. ἀμφιρύτῃ: "sea-girt, flowed-around."
ὅθι: -θι = place where.
τε: See St.

51. δενδρήεσσα: "full of trees, wooded."
ἐν: adverbial, "thereon, there."

52. Ἄτλαντος: gen. of Ἄτλας.
ὀλοόφρονος < ὀλοόφρων, "mischievous"; see St.
τε: generalizes statement (St 39).

53. βένθεα < βένθος, N, "depth (of the sea)."
κίονας < κίων, F, "beam, pillar, column."

54. ἀμφίς: "apart."

55. τοῦ: relative.
δύστηνον: "unhappy, miserable."
κατερύκει: unaugmented imperf. or historical pres.

56. αἱμυλίοισι: "wheedling."

57. θέλγει < θέλγω, "bewitch, beguile."
ὅπως = ἵνα.
ἐπιλήσεται < ἐπιλήθω, in mid., "forget," + gen.; short-vowel subjunct. (St 25), but see St.

58. ἱέμενος: See on 6.
ἀποθρῴσκοντα < ἀποθρῴσκω, "leap away from, rise up from," + gen.

59. θανέειν: aor. inf. of θνῄσκω = ἀποθνῄσκω.

σοί: dat. of possession with ἦτορ.
περ: See St.

60. ἐντρέπεται < ἐντρέπω, in mid., "care, heed, have regard"; ἦτορ subj.
τ' here = τοι = σοί (St).

61. *νηυσί < νηῦς, νηός (νέος), νηί, νῆα (νέα), νῆες (νέες), νηῶν (νεῶν), νηυσί (νήεσσι, νέεσσι), νῆας (νέας), F, "ship"; not to be confused with νῆσος, "island," which will always have an internal σ.
χαρίζετο < χαρίζομαι, "gratify, seek favor," + dat.
ἱερά: "holy things," i.e., "sacrifices."
ῥέζων: See on 47.

62. οἱ: See on 17.
τόσον: adverbial, "so much."
ὠδύσαο < ὀδύσσομαι, "be angry, incensed; to rage at," + dat. of person.

63. ἀπαμειβόμενος: See on 44.
νεφεληγερέτα: "cloud gatherer," (old) nom., M.

64. ἕρκος, N, "barrier, fence"; in apposition to σε.

65. θείοιο: "godlike."

66. περί...πέρι: prepositional ("beyond, above," + gen.) then adverbial ("exceedingly"), OR βροτῶν is to be understood in second clause as well.
νόον: acc. of respect.
ἱρά = ἱερά.

67. τοί: demonstrative nom. pl. used as relative (St 11), not dat. sing. 2nd pers. pronoun.

68. γαιήοχος: "earth-holder," perhaps, "earth-supporter."
ἀσκελές: "unrelentingly."

69. Κύκλωπος: gen. of cause.
κεχόλωται < χολόω, in mid., "be angry, indignant."
ἀλάωσεν < ἀλαόω, "make (acc.) blind in (gen.)."

70. ὅου = οὗ (gen. of relative pronoun).
*κράτος, N, "might, prowess."

71. μιν: enclitic, 3rd sing., acc. pronoun.

72. **Φόρκυνος**: gen. of Φόρκυς.
    ἁλός < ἅλς, F, sea."
    ἀτρυγέτοιο: "unfruitful, barren."
    μέδοντος < μεδέων, "guardian."

73. **σπέσσι γλαφυροῖσι**: See on 15.
    μιγεῖσα: aor. passive part of μίγνυμι (μίσγω in C), lit. "mix (with) ," thus, in pass., "have sex with," + dat.

74. **τοῦ** = τούτου.
    ἐνοσίχθων: "earth shaker."

75. **τι**: adverbial, "in any way, at all."
    πλάζει: See on 2.
    αἴης: See on 41.

76. **ἄγεθ'** = ἄγετε; + imperative = "come then! well!"
    περιφραζώμεθα < περιφράζομαι, "think over, consider"; hortatory subjunct.

77. **ἔλθῃσι**: -σι(ν) = common 3rd sing. ending in subjunct. (St 16.4).
    μεθήσει < μεθίημι.

79. **ἀέκητι**: "against the will," + gen.
    ἐριδαινέμεν: pres. inf. of ἐριδαίνω, "contend, wrangle" (see St 27).
    οἷος: See on 13.

80f. See 44f.

82. **τοῦτο**: sc. ἐστί.

83. **νοστῆσαι...δόμονδε**: explains τοῦτο in 82; -δε = place to which.
    πολύφρονα: lit., "much-minded," thus "sensible, intelligent."

84. **διάκτορον**: "runner, messenger."
    ἀργειφόντην: See on 38.

85. **ὀτρύνομεν** < ὀτρύνω, "rouse to action, send"; short-voweled, hortatory subjunct.
    ὄφρα: introduces purpose clause here, but may introduce conditionals or be used temporally with the indicative ("until, while, so long as").

86. *ἐϋπλοκάμῳ: "fair-haired, with lovely locks."
νημερτέα < νημερτής, "unerring, infallible."

87. ταλασίφρονος < ταλασίφρων, "stout-hearted, steadfast."
*κε = ἄν; for construction see S 2201.
νέηται < νέομαι, "return, go/come home."

89. ἐποτρύνω: See on 85.
φρεσί: See on 42.
θείω: aor. subjunct. of τίθημι.

90. καλέσαντα: See St for case.
κάρη, καρήτος, N, "head"; acc. of respect.
κομόωντας < κομάω, "have abundant/full hair"; for form see ἀντιόων on 25.

91. ἀπειπέμεν: "speak out freely; refuse, denounce"; for form see ἐριδαινέμεν on 79.
τε: See on 52.

92. μῆλ(α) < μῆλον, N, "livestock."
ἀδινά: "thronging."
εἰλίποδας < εἰλίπους, -ποδος, "rolling-gaited."
ἕλικας < ἕλιξ, "with twisted/crumpled horns (?)."

93. ἠμαθόεντα < ἠμαθόεις, "sandy."

94. πευσόμενον < πυνθάνομαι, "hear of, learn of; inquire"; fut. part. = purpose.
ἤν = ἐάν.

95. ἠδ(έ): See on 12.
κλέος: N, subject.
ἔχῃσιν: For form see on 77; object μιν (see on 71).

96. ἐδήσατο < δέω, "tie, fasten."
πέδιλα < πέδιλον, "sandal."

97. ἀμβρόσια: "sweet-smelling, fragrant"(St) or "divine, immortal."
ἠμέν...ἠδ': "both...and."
ὑγρήν: "watery (sea)."

98. ἀπείρονα < ἀπείρων, "boundless."
πνοιῇς: dat. pl. of πνοίη, "breath; breeze"; see St 3.

99. ἄλκιμον: "stout, strong."
ἀκαχμένον: "with a sharp point, sharpened," + dat. of material.

Commentary to *Odyssey* A (I)

ὀξέϊ < ὀξύς, "sharp, keen."

100. στιβαρόν < στιβαρός, "thick, stout."
 δάμνησι < δάμνημι, "defeat, rout."
 στίχας < στίξ, F, "line, rank (of soldiers)."

101. κοτέσσεται: 3rd sing. short-voweled subjunct. of κοτέω, "bear resentment against, rage against," + dat.
 ὀβριμοπάτρη: "she of a mighty father," i.e, Athena.

102. βῆ: unaugmented aor. of βαίνω.
 καρήνων < κάρηνον, N, "head; citadel"; with κατά, "down from."
 ἀΐξασα < ἀΐσσω, "rush, fly, dart."

103. προθύροις: "outer doors."

104. οὐδοῦ: "threshold, gateway."
 αὐλείου < αὔλειος, "of the αὐλή (courtyard)."
 παλάμῃ: "hand."
 ἔχε: unaug. imperf.

105. εἰδομένη: "appearing as, looking like," + dat.; < εἴδω.
 ἡγήτορι < ἡγήτωρ, "leader, commander."

106. ἀγήνορας < ἀγήνωρ, "bold, daring."
 οἱ μέν: "on the one hand," in contrast to the three groups of κήρυκες in 109-112.

107. πεσσοῖσι < πεσσός, "pebble," probably a game piece.
 προπάροιθε: "in front of, before," + gen.

108. ἥμενοι < ἧμαι (see on 26).

109. *κήρυκες < κῆρυξ, M, "herald, squire," an upper-class, high-ranking servant."
 αὐτοῖσι: i.e., the suitors.
 ὀτρηροί: "deft, capable."
 θεράποντες < θεράπων, "retainer or servant" ranking lower than a κῆρυξ.

110. ἔμισγον: See on 73.

111. *αὖτε: "again, in turn."
 σπόγγοισι: "sponges."
 πολυτρήτοισι "full of holes."
 *τραπέζας < τράπεζα, "table," small and portable.

112. πρότιθεν: 3rd pl. imperf. of προτίθημι (St 16.6); object still τραπέζας.
*κρέα < κρέας, N, "flesh, meat."
δατεῦντο < δατέομαι, "divide (into portions)."

113. τήν: Athena.
πολύ: adverbial acc., "by far"; with πρῶτος.
ἴδε: See on 3.
θεοειδής, -ές, "divine in form, godlike."

114. ἧστο: 3rd sing. past of ἧμαι.
τετιημένος < τετίημαι, "be sorrowful, grieved."

115. ὀσσόμενος < ὄσσομαι, "look at/for"; see St.
ἐλθών: 'father' is subject.

116. τῶν: See St.
σκέδασιν < σκέδασις, "a skattering, rout."
θείη < τίθημι; optative in indirect question (S 2677) or wish (S 1814); likewise ἔχοι and ἀνάσσοι on 117.

117. κτήμασιν < κτῆμα, N, "property, wealth."
οἷσιν: See ὅν on 4.
ἀνάσσοι < ἀνάσσω, "be king, rule over," + dat.; also see St.

118. μεθήμενος < μετά-ἧμαι.
εἴσιδ(ε) < εἰσοράω.

119. ἰθύς: "straight to," + gen.
νεμεσσήθη < νεμεσσάω, "be indignant, vexed that...," + acc. and inf.

120. δηθά: See on 49.
ἐφεστάμεν: perf. inf. of ἐφίστημι (see St 27); takes dat.
ἔγγυθι: adverbial, "nearby, close to."

121. ἕλε: 3rd sing. aor. of αἱρέω.
ἐδέξατο < δέχομαι.

122. φωνήσας: See St.
προσηύδα < προσαυδάω, "say," + double acc.

123. χαῖρε: imperative of χαίρω used as salutation, "hail."
πάρ(α): "in the house of," + dat., as often.
ἄμμι: dat. of ἄμμες (ἡμεις).
φιλήσεαι: fut. mid. in passive sense.

Commentary to *Odyssey* A (I) 11

124. **πασσάμενος** < πατέομαι, "partake of, taste," + partitive gen.
 ὅττεό: gen. of ὅστις; see St.
 χρή: "there is need of," + acc. of person affected and gen. of thing needed (an epic use).

125. **ἡγεῖθ'** = ἡγεῖτο < ἡγέομαι, "lead the way."

126. **ἔντοσθεν**: prep., "within."
 ἔσαν = ἦσαν.

127. **ἔγχος**: N, acc.
 κίονα: See on 53.

128. **δουροδόκης**: "spear-receiver, rack."
 εὐξόου: "well-polished, well-made."
 *** ἄλλα** < ἄλλος.

129. **ταλασίφρονος**: See on 87.

130. **θρόνον**: "seat, chair"; also see St.
 ***εἷσεν**: aor. of ἕζομαι, "set, seat (someone)."
 ὑπό: adverbial.
 λῖτα: acc. sing. of λίς, M, "cloth."
 πετάσσας < πετάννυμι, "spread out."

131. **δαιδάλεον**: "ornamented, decorated."
 θρῆνυς: "foot stool."
 ποσίν < πούς.
 ἦεν: 3rd sing. imperf. of εἰμί.

132. **πάρ** = παρά (vowel loss known as apocope; see St 1.10); adverbial, "nearby, alongside."
 κλισμόν: "easy chair, seat."
 ἄλλων μνηστήρων: "the others, namely, the suitors, " as often with ἄλλος.

133. **ἀνιηθείς** < ἀνιάω, "vex, trouble, weary."
 ὀρυμαγδῷ: "noise, din."

134. **ἀδήσειεν**: aor. of ἀδέω, "have too much of, become sated or sick of," + dat.
 ***ὑπερφιάλοισι**: "heedless, rash, regardless."

135. **ἀποιχομένοιο** < ἀποίχομαι, "be absent."
 ἔροιτο: aor. opt. of εἴρομαι, "ask, inquire."

136. χέρνιβα < χέρνιψ, "water for washing."
προχόῳ, F, "pitcher."
ἐπέχευε: aor. of ἐπιχέω, "pour over"; 'hands' understood.

137. λέβητος < λέβης, "dish."

138. νίψασθαι < νίζω, "wash."
ἐτάνυσσε < τανύω, "stretch, spread, arrange."

139. αἰδοίη: "honorable, worthy."
ταμίη: "housekeeper."

140. εἴδατα < εἴδαρ, N, "edible, morsel of food."
χαριζομένη < χαρίζομαι, "favor, gratify."
παρεόντων: partitive gen., "of those present, from the things present," referring to the foods at her disposal (St).

141. δαιτρός: "meat carver, one who carves meat."
κρειῶν: See on 112.
πίνακας < πίναξ, "platter."
ἀείρας < αἴρω.

142. παντοίων = πᾶς + τοῖος, "of all sorts"; with κρειῶν.
σφι: dat. pl. of 3rd person pronoun (St 10).
κύπελλα < κύπελλον, N, "drinking cup."

143. κῆρυξ: See on 109.
*θάμ(α): "often."
ἐπῴχετο < ἐποίχομαι, "come to, go around."
οἰνοχοεύων < οἰνοχοέω, "pour wine."

144. ἀγήνορες: See on 106.
μέν: See on 106.

145. *ἐξείης: "in order, in a row."
ἕζοντο: See εἷσεν on 130.
κλισμούς: See on 132.
τοῖσι: Take with 147 - 148 also.

146. ἔχευαν: aor. of χέω, "pour."

147. *δμῳαί < δμῳή, "female servant."
παρενήνεον < παρανηνέω, "heap together, pile."
κανέοισι < κάνεον, "basket."

148. ἐπεστέψαντο < ἐπιστέφω, "crown, garland; fill."

Commentary to *Odyssey* A (I) 13

149. **ὀνείαθ'** = ὀνείατα < ὄνειαρ, N, "benefit, goods (pl.)."
 ἴαλλον < ἰάλλω, "put, throw."
150. ***πόσιος**: gen. of πόσις, "drink, drinking."
 ἐδητύος < ἐδητύς, "food, meat."
 ἐξ...ἕντο: aor. mid. of ἐξίημι, "send forth, release, relinquish."
 ἔρον < ἔρος, "desire, appetite."
151. **ἄλλα**: substantive; see on 128.
 μεμήλει: pluperf. of μέλω; sing. with N pl. subject as often.
152. **μολπή**: "singing."
 ὀρχηστύς: "dancing."
 τά = ταῦτα.
 ἀναθήματα < ἀναθήμα, N, "accompaniment, accessory."
 δαιτός: See on 26.
153. **κίθαριν**: "cithara, lyre."
 περικαλλέα < περικαλλής, "very beautiful, fine."
154. **ἤειδε** < ἀείδω, "sing."
155. **τοι**: particle, "indeed, surely," not σοί.
 φορμίζων: "playing the φορμίξ (lyre)."
 ἀνεβάλλετο < ἀναβάλλω, in mid., "strike up, begin."
157. **ἄγχι**: "near, close by."
 πευθοίαθ' = πευθοίντο, Ionic 3rd pl. aor. opt. of πυνθάνομαι, "hear, overhear."
158. **νεμεσήσεαι** < νεμεσάω, "be indignant, utter reproach at (dat.) for (acc.)."
 ὅττι κεν: "whatever"; κεν = ἄν.
159. **τούτοισιν**: i.e., the suitors.
 ἀοιδή: "a song, singing."
160. ***ῥεῖ(α)**: adverbial acc., "with ease, readily."
 βίοτον < βίοτος, "life, livelihood, sustinence."
 νήποινον < νήποινος, "without compensation or recompense."
161. **ἀνέρος**: gen. of possession with βίοτον; explains ἀλλότριον.
 ὀστέα < ὀστέον, "bone."
 πύθεται < πύθω, "rot."
162. **ἠπείρου**: "land, inland."
 εἰν = ἐν.

ἁλί: See on 72.
κῦμα, -ατος, N, "wave, waves of the sea"; subject of κυλίνδει, "roll along, roll about."

163. εἰ = wish; see St., but comma at end of line more likely.
Ἰθάκηνδε: See δόμονδε on 83.
ἰδοίατο: aor. mid. 3rd pl. opt. of ὁράω.
νοστήσαντα: See on 36.

164. ἀρησαίατ᾽ < ἀράομαι, "pray."
ἐλαφρότεροι < ἐλαφρός, "nimble, swift."
πόδας: acc. of respect.

165. ἀφνειότεροι < ἀφνειός, "rich, wealthy."
*ἐσθῆτος < ἐσθής, "clothing, garment"; gen. of specification with ἀφνειότεροι.

166. ὥς: See on 6.
μόρον: internal acc.

167. θαλπωρή, F, "comfort, consolation."
εἴ περ: "even if."
ἐπιχθονίων: "earth-dwelling."

168. φῇσιν: See ἔλθησι on 77.

169. ἄγε: See on 76.
ἀτρεκέως: "exactly, certainly."

170. τίς πόθεν: two questions run together, as often.
εἰς = εἶ < εἰμί.
πόθι: "where"; -θι indicates place where.
τοι: dat. of possession; for form see St. 10.
τοκῆες < τοκεύς, "parent."

171. ναῦται < ναύτης, M, "sailor."

172. ἔμμεναι: See on 33.
εὐχετόωντο < εὐχετάομαι, "avow, declare, boast."

173. τί: adverbial.
πεζόν < πεζός, -ά, -όν, "on foot."
ἱκέσθαι < ἱκνέομαι = ἀφικνέομαι.

174. ἀγόρευσον: imperative of ἀγορεύω, "relate, account."
ἐτήτυμον: "true."
εἰδῶ < εἴδω, "see, perceive."

175. ἠὲ...ἦ: "whether...or."
μεθέπεις < μεθέπω, "direct oneself towards, come to visit."
πατρώιος: adj, "of my father."
ἐσσι = εἶ.

176. ἴσαν: 3rd pl. imperf. of εἶμι.
δῶ = δῶμα (St).

177. ἐπίστροφος: "going about/among," + gen.

178. αὖτε: See on 111.
γλαυκῶπις: See on 44.

179. *μάλ(α): intensifies adj. and adverbs, "very."

180. δαΐφρονος: See on 48.
*εὔχομαι = εὐχετάομαι (172).

181. ἀτάρ = αὐτάρ, here "and," as often.
φιληρέτμοισιν: "oar-loving."
ἀνάσσω: See on 117.

182. ὧδε: See St.
ξύν = σύν.
κατήλυθον = κατῆλθον; ἤλυθον is the epic aor. of ἔρχομαι.

183. οἴνοπα < οἶνοψ, "wine-dark"; see St.
ἀλλοθρόους: "speaking a strange tongue, foreign."

184. αἴθωνα < αἴθων, "bright, shining."
σίδηρον: "iron."

185. νόσφι: "far from, at a distance."
πόληος = πόλεως.

186. λιμένι < λιμήν, "harbor."
ὑλήεντι < ὑλήεις, "woody, forested."

188. εἴ πέρ + subjunct. = protasis of a present general condition; see also St.
*εἴρηαι: 2nd sing. aor. subjunct.; < εἴρομαι, "ask."

189. Λαέρτην: Laertes, Odysseus' father.

190 ἀπάνευθεν: "far away, apart."

191. γρηΐ < γρηΰς, "old woman"; used as adj.

βρῶσιν < βρῶσις, F, "food."
πόσιν: See on 150.

192. παρτιθεῖ = παρατίθησι.
εὖτ(ε): "when."
κατά...λάβησιν: 3rd sing. aor. of καταλαμβάνω (tmesis).
γυῖα: N pl., "limbs"; acc. of part.

193. ἑρπύζοντ' < ἑρπύζω, "move slowly, creep."
γουνόν < γουνός, "hill, knoll."
ἀλωῆς < ἀλωῆ, "vineyard, orchard."
οἰνοπέδοιο: "vine-bearing, wine-producing."

194. ἐπιδήμιον: "among one's own people, at home."

195. βλάπτουσι "hinder."
κελεύθου < κέλευθος, "path, journey"; gen. of separation.

196. πω: intensifies, "in no way, not at all."
χθονί < χθών, F, "earth, ground."
δῖος: See on 14.

197. κατερύκεται < κατερύκω, "hold down, hold back."
εὐρέι: "broad, wide."

198. ἀμφιρύτῃ: See on 50.

199. ἄγριοι: "savage, wild."
ἐρυκανόωσ' = ἐρύκουσι < ἐρύκω.
ἀέκοντα < ἀέκων, "unwilling."

200. μαντεύσομαι < μαντεύομαι, "prophesy, divine."

201. ὀίω = οἴομαι.

202. ἐών: For form see ἐόντας on 22.
οἰωνῶν < οἰωνός, "bird of omen; omen."
σάφα: "clearly, well."

203. τοι: See on 155.
δηρόν: "for a long time, long."

204. ἔσσεται: Odysseus is subject.
σιδήρεα: "of iron."
δέσματ(α): acc. pl. of δεσμός, "bond, fetter."
ἔχῃσι: subjunct. used as fut. (St 36.1); sc. "him" as obj.

205. ὥς: See St.
πολυμήχανος: "of many devices, resourceful."

206. See 169.

207. αὐτοῖο: with Ὀδυσῆος.
εἰς: See on 170.

208. αἰνῶς: "startlingly, dreadfully."
ὄμματα < ὄμμα, N, "eye"; acc. of respect.
*ἔοικας: perf. of εἴκω, "resemble, seem like," + dat.

209. τοῖον: Take with θαμά, "so often" (St).

210. ἀναβήμεναι: aor. inf. of ἀναβαίνω; inf. in πρίν clause.
ἄλλοι: See on 132.

211. κοίλης < κοῖλος, "hollow."

212. ἐκ τοῦ: "from that (time)," unlike 74 or 215.

213. πεπνυμένος < πέπνυμαι, "be astute, sagacious."

214. μάλ': See on 179.

215. ἐμέ: acc. subj. of ἔμμεναι.
τοῦ = τούτου; gen. of source.

216. ἐόν: possessive adj. of 3rd person sing. pronoun (St 12.2).
γόνον: "parentage, parent."

217. ὄφελον: unaug. aor. of ὀφέλλω, "owe, ought (to do/be)"; + inf. expresses impossible wish (S 1781), "if only, would that."
τευ = τινός (St. 12.3+4).

218. κτεάτεσσιν: dat. pl., "possessions, goods" with ἔπι, "in charge of" (note accent).
γῆρας, N, "old age"; subject.

219. ἀποτμότατος < ἄποτμος, "unlucky, ill-starred."

220. ἐρεείνεις: "ask."

222. *γενεήν: "family, race, stock."
νώνυμνον < νώνυμνος, "anonymous, nameless."

ὀπίσσω: "behind"; for the Greeks the future was to your back (behind) because you could not see it, whereas the past was visible and thus 'in front.'

223. θῆκαν: 3rd pl. aor. of τίθημι.
ἐγείνατο < γείνομαι, "give birth to, bear."

225. δαίς: See on 26.
δαί: particle used to emphasize interrogatives.
ἔπλετο < πέλω, "become, be."
τίπτε = τί, "what?"
χρεώ: See St.

226. εἰλαπίνη, F, "feast, banquet."
ἔρανος, M, "feast, communal banquet" to which many contribute.

227. ὑπερφιάλως: See on 134.

228. δαίνυσθαι: "to feast, dine."
νεμεσσήσαιτο: See on 158.

229. αἴσχεα < αἶσχος, N, "shameful deed."
ὀρόων: For form see ἀντιόων on 25.
πινυτός: "wise, of good sense."

231. ἀνείρεαι = ἀνά - εἴρομαι; see on 188.
μεταλλᾷς < μεταλλάω, "seek after, inquire, ask."

232. μέλλεν: "was likely," with pres./fut./aor. inf. (St.).
ἀφνειός: See on 165.
ἀμύμων, -ονος, "noble, illustrious."

233. ὄφρ(α): See on 85 (here with indicative).
ἐπιδήμιος: See on 194.

234. ἑτέρως: "to the opposite effect, otherwise."
ἐβόλοντο < βούλομαι.
μητιόωντες < μητιάω, "deliberate, devise."

235. ἄϊστον: "gone, vanished."
περί: See on 66.

236. ἀκαχοίμην: aor. opt. of ἀχέω, in mid., "grieve."

237. *δάμη: 3rd sing. aor. pass. of δαμάζω, "overpower, slay."

238. τολύπευσε < τολυπεύω, "spin; carry out."

239. τῷ: "at that point, in that case."
τύμβον: "grave mound."
Παναχαιοί: the federated Greeks who made the expedition to Troy.

240. ἤρατ': contracted 3rd. sing., aor. mid. of αἴρω, "raise, lift up; win, achieve"; but see also St.

241. ἅρπυιαι: "gusts, storm winds," later the Harpies.
ἀνηρείψαντο: "snatched up, carried off."

242. ἄπυστος: "of whom no tidings come, missing."
*ὀδύνας < ὀδύνη, "pain, trouble, care."
γόους < γόος, "lamentation, mourning."

243. κάλλιπεν < καταλείπω.
*στεναχίζω: "moan, groan."

244. *κήδε(α) < κῆδος, N, "pain, trouble, care."

245. ἐπικρατέουσιν < ἐπικρατέω, "hold sway on/ among, rule."

246. ὑλήεντι: See on 186.

247. κραναήν < κραναός, "rugged, rocky."
κοιρανέουσι < κοιρανέω, "be chief, rule."

248. τρύχουσι < τρύχω, "ruin, exhaust, burden."

249. ἀρνεῖται < ἀρνέομαι, "deny, refuse, decline."
*στυγερόν < στυγερός, "loathful, dreadful."

250. φθινύθουσιν < φθινύθω, "waste, consume."

251. διαρραίσουσι < διαρραίω, "destroy, make an end of."

252. ἐπαλαστήσασα: "in indignation, deeply moved" (HWH).

253. ὦ πόποι: See on 32.
πολλόν = πολύν; adverbial.

254. δεύῃ: 2nd sing. pres. of δεύομαι, "fall short of, need, lack," + gen.
ὅ: M, nom. relative pronoun.
ἀναιδέσι < ἀναιδής, "shameless, reckless."

ἐφείη < ἐφίημι.

255. εἰ γάρ: "if only."

256. πήληκα < πήληξ, F, "helmet."
δοῦρε: nom. and acc. dual of δόρυ, N, "spear, shaft of a spear."

257. τά πρῶτ(α): adverbial, "for the first time, first."

259. παρ(ά): here, "from the house of."

260. κεῖσε: "there, thither."

261. ἀνδροφόνον: "man-slaying, deadly."
διζήμενος < δίζημαι, "seek, try to find."
ὄφρα οἱ εἴη: "so that it would be to him/be possible for him."

262. ἰούς < ἰός, "arrow."
χρίεσθαι < χρίω, "anoint."

263. νεμεσίζετο < νεμεσίζομαι, "fear the wrath of, reverence."

264. φιλέεσκε: -σκ signifies an iterative form, which is used in both the pres. and past forms to indicate repeated or habitual action (St 21)
αἰνῶς: "heartily, deeply."

265. ὁμιλήσειεν < ὁμιλέω, "come among, have contact with," here, "engage in battle, fight"; opt. of wish.

266. ὠκύμοροι < ὠκύμορος, "short-lived, swift-dying."
πικρόγαμοι: "finding marriage bitter."

267. ἦ τοι: See on 155.
ταῦτα: subject.
*γούνασι < γόνυ, N, "knee."

268. ἀποτίσεται < ἀποτίνω, "pay back, exact penalty"; short-vowel subjunct. (hence κεν), used as fut. (St 36.1).
οὐκί = οὐκ.

269. μεγάροισι: See on 27.
ἄνωγα: 1st sing. perf. of ἀνώγω, "command, order, bid."

270. ἀπώσεαι: 2nd sing. aor. subjunct. of ἀπωθέω, "expel, drive away."

271. εἰ: Interjection with ἄγε introduces a command, "come now."
ξυνίει: imperative of συνίημι, here, "be thoughtful, pay attention, listen."
ἐμπάζεο < ἐμπάζομαι, "pay attention to, care about," + gen.

272. αὔριον: "tomorrow."

273. πέφραδε: reduplicated aor. of φράζω, "tell, declare."
ἔστων: 3rd pl. imperative of εἰμί.

274. σκίδνασθαι < σκίδναμαι, "scatter, disperse."
ἄνωχθι: perf. imperative of ἀνώγω.

275. ἐφορμᾶται < ἐφορμάω, "stir to action, incite."

276. ἄψ: "back."
ἴτω: imperative of εἶμι; μητέρα is subject (--indicates syntax has broken down).
πατρός: See St.

277. See St.
τεύξουσι < τεύχω.

279. πυκινῶς: here, "shrewdly, wisely."
ὑποθήσομαι < ὑποτίθημι, "give advice, counsel."
αἴ = εἰ.
πίθηαι: 2nd sing. aor. subjunct. mid. of πείθω.

280. νῆ' = νῆα.
ἄρσας < ἀραρίσκω, "put together, fit, supply."
ἐρέτῃσιν < ἐρέτης, "rower."
ἐείκοσιν = εἴκοσι.

281. ἔρχεο: imperative of ἔρχομαι (St 16.3).
πευσόμενος: See on 94.
*δήν: "for a long time, long"; modifies οἰχομένοιο.

282. ἤν: See on 94.
τις: indefinite pronoun (accent from enclitic τοι).
ὄσσαν < ὄσσα, F, "rumor, report."

283. ἥ: relative (note accent).
μάλιστα: "most; especially, greatly."

284. εἴρεο: See on 188.

285. κεῖθεν: "from there, thence."
ξανθόν < ξανθός, "yellow-brown, dirty-blonde."

286. δεύτατος: "last, the last."
ἦλθεν: i.e., returned.
χαλκοχιτώνων < χαλκοχίτων, "bronze-clad" (see on 437).

288. τρυχόμενος < τρύχω, "wear away, use up."
τλαίης < τλάω, "suffer, undergo evil."
ἐνιαυτόν: See St on 16.

289. ἔτ' = ἔτι.
ἐόντος: i.e., living.

291. σῆμα -ατος, N, "mark, sign," here "grave-marker, grave mound."
χεῦαι: aor. inf. of χέω, "pour, spread, pile up"; infinitives here have force of imperative.
κτέρεα κτερείξαι: "to perform funeral rites, to burn funeral pyre."

293. ἐπήν: "when, after that."
ἔρξῃς < ἔρδω, "do."

295. τεοῖσι < τεός = σός.

296. δόλῳ < δόλος, "cunning, trick."
ἀμφαδόν: "openly."
τι: See on 282; see also St.
σε: subject accusative.

297. νηπιάας < νηπιάη, F, "childish thoughts or ways."
ὀχέειν < ὀχέω, "carry on, induge in"; inf. with χρή.
τηλίκος: "of such an age."

298. ἀΐεις < ἀΐω, "hear."

299. ἐπ': here, "among, compared with."
πατροφονῆα: acc.; cf. ἀνδροφόνον on 261.

300. δολόμητιν: "crafty, wily."
ἔκτα = ἔκτανε < κτείνω.

301. ὁρόω: See on 25 and St 28.

302. ἔσσ(ο): imperative.
ὀψιγόνων < ὀψίγονοι, "men of generations to come, posterity."

304. ἑτάρους: also object of ἐπί.
ἀσχαλόωσι < ἀσχαλάω, "be impatient, grieve."

305. μελέτω: 3rd sing. (impersonal) imperative of μέλω.
ἐμπάζεο: See on 271.

307. φίλα: object of φρονέων.

308. τε: See on 52.

309. ἐπίμεινον: aor. imperative of ἐπιμένω.
ἐπειγόμενος < ἐπείγω, in pass., "be eager for, hurry for," + gen.

310. λοεσσάμενος < λούω.
τεταρπόμενος: reduplicated aor. of τέρπω.
*κῆρ, N, "heart, soul" acc. of respect.

311. *κίης < κίον (only in aor.), "go, proceed."

312. τιμῆεν < τιμήεις, -εντος, "honored, held dear"; with δῶρον.
κειμήλιον, N, "treasure, heirloom."

315. λιλαιόμενον < λιλαίομαι, "desire," + gen.

316. ὅττι = Attic ὅ τι.
ἦτορ: subj. of ἀνώγῃ.

317. δόμεναι: aor. inf. of δίδωμι as imperative.
φέρεσθαι: purpose.

318. ἑλών: "choosing," with subj. Telemachus.
ἀμοιβῆς < ἀμοιβή, F, "answer, return, exchange."

320. ἀνοπαῖα: "upwards" or perhaps "unseen."
διέπτατο: aor. of διαπέτομαι, "fly, fly away."

321. θάρσος, N, "boldness, confidence."
ὑπέμνησεν < ὑπομιμνήσκω, "remind (acc.) of (gen.), cause to think of."
ἑ = μιν.

322. ᾗσι: F dat. pl. of possessive pronoun ὅς.

324. ἰσόθεος: "godlike, equal to the gods."
φώς, φωτός, M, "person, man."

325. περικλυτός: "renowned, famous."
*σιωπῇ: "in silence."

326. ἧατ': 3rd pl. imperf. of ἧμαι.

327. λυγρόν < λυγρός, "sorry, pitiful."
ἐπετείλατο: aor. mid. of ἐπιτέλλω, "lay, impose, inflict."

328. τοῦ: relative (refers to singer).
ὑπερωϊόθεν: "from the upper floor."
θέσπιν < θέσπις, "divine, heavenly."

329. κούρη: "girl, daughter."
*περίφρων: "wise, prudent."

330. κλίμακα < κλίμαξ, F, "staircase, ladder."

331. ἅμα: "together with," + dat.

333. σταθμόν < σταθμός, "column," probably around the hearth and supporting the roof.
τέγεος < τέγος, N, "roof."
πύκα: adv., "closely, well, without breaks."

334. ἄντα: "(directly) in front of, before."
παρειάων < παρειαί, "cheeks."
λιπαρά < λιπαρός, "anointed, glossy, bright."
κρήδεμνα < κρήδεμνον, N, "scarf, veil."

335. *κεδνή < κεδνός, "loving, devoted."

337. θελκτήρια: "enchanting, delightful."

338. κλείουσιν < κλείω, "celebrate, sing of."

339. παρήμενος < πάρημαι, "sit by or beside."

340. πινόντων: 3rd pl. present imperative.

341. στήθεσσι < στῆθος, N, "breast, chest."
κῆρ: See on 310.

342. τείρει < τείρω, "wear out, distress."
καθίκετο < καθικνέομαι, "come upon, touch, affect."
ἄλαστον: "unforgetable, unceasing."

Commentary to *Odyssey* A (I)   25

343. κεφαλήν: part for whole; see St.
    ποθέω: "long for, yearn/mourn for."

344. εὐρύ: sc. ἐστί.

346. φθονέεις < φθονέω, "dislike the idea of, begrudge," + acc. and inf.
    *ἐρίηρον < ἐρίηρος, "worthy, faithful, trusty."

348. αἴτιοι: "blameworthy."

349. ἀλφηστῇσιν < ἀλφηστής, "having to labor for their bread, laboring."

350. νέμεσις, F, "blame, censure"; sc. ἐστί.
    οἶτον < οἶτος, M, "fate, destiny."

351. ἐπικλείουσ' < ἐπικλείω, "praise, applaud."

352. ἀμφιπέληται < ἀμφιπέλω, "come around," + dat.

353. ἐπιτολμάτω < ἐπιτολμάω, "endure."
    κραδίη, F, "heart, soul, will."

355. φῶτες: See on 324.

356. σ(α): with αὐτῆς (= Attic σεαυτῆς, "your").
    κόμιζε < κομίζω, "tend to, care for."

357. ἱστόν < ἱστός, "loom" for weaving.
    ἠλακάτην, F, "distaff."

359. τοῦ = ἐμοῦ (St).
    *κράτος, N, "might, power, authority."

361. γάρ: explains θαμβήσασα.

362. ὑπερῷ < ὑπερῷον, N, "upper chamber, upstairs."

363. *κλαῖεν < κλαίω, "weep for, mourn for."
    ὄφρα: See on 85.

364. βλεφάροισι < βλέφαρα, N pl., "eyelids."

365. ὁμάδησαν < ὁμαδέω, "burst into an uproar, create a din."
    σκιόεντα < σκιόεις, "shadowy, dim."

366. ἡρήσαντο < ἀράομαι, "pray."
παραί = παρά.
*λεχέεσσι < λέχος, N, "bedstead, bed."
κλιθῆναι: aor. pass. inf. of κλίνω, "lay (something) down."

368. ὑπέρβιον < ὑπέρβιος, "headstrong, arrogant."

369. δαινύμενοι: See on 228.
βοητύς, F, "noise, disturbance."

370. ἀκουέμεν: inf.; see ἐπιδαινέμεν on 79.
ἀοιδοῦ: gen. of source.

371. τοιοῦδ' οἷος: refer to the singer.
ἐναλίγκιος: "like, resembling," + dat.
*αὐδήν < αὐδή, F, "voice, speech"; acc. of respect.

372. *ἠῶθεν: "from down, at dawn"; < ἠώς, F, "dawn, daybreak."
καθεζώμεσθα < καθέζομαι, "sit down, seat oneself."
κιόντες: See on 311.

373. ἀπηλεγέως: "without regard for consequences."

374. ἐξιέναι: either with imperative force or in apposition to μῦθον (St).
ἀλεγύνετε < ἀλεγύνω, "heed, partake of."

375. ὑμά < ὑμός = ὑμέτερος.
ἀμειβόμενοι: here, "returning the favor."

376. λωΐτερον < λωΐτερος, "better, more profitable."

377. νήποινον: See on 160.

378. κείρετ(ε): imperative of κείρω, "cut, devour."
ἐπιβώσομαι: "call for aid, shout to."

379. αἴ κε = ἐάν.
δῷσι: 3rd sing. subjunct. of δίδωμι.
παλίντιτα ἔργα: "acts of vengeance or revenge."

380. ἔντοσθεν: postpositive preposition.

381. ὀδάξ: adv., "with the teeth."
χείλεσι < χεῖλος, N, "lip"; with ἐν...φύντες, "biting their lips."

382. θαρσαλέως: "boldly, confidently."

385. **ὑψαγόρην** < ὑψαγόρης, "one who speaks loudly, a bold speaker."

386. **ἀμφιάλῳ** < ἀμφίαλος, "sea-girt."
    Κρονίων: "son of Cronus," i.e., Zeus.

387. **πατρώϊον**: "hereditary, inherited"; with ὅ, referring generally to kingship (386).

389. **ἀγάσσεαι**: 2nd sing. of ἄγαμαι, "be offended or indignant at," + dat. of person.
    εἴπω: i.e., about being master of his house (397-8).

390. **Διός...διδόντος**: gen. absolute.
    ἀρέσθαι: aor. inf. of ἄρνυμαι, "win, achieve, gain."

391. **τετύχθαι** < τεύχω.

392. **αἶψα**: "soon, straightaway."
    δῶ: See on 176.

393. **πέλεται** < πέλομαι, "come to be, be"; with both subjects.
    τιμηέστερος: See on 312.

398. **δμώων** < δμώς, N, "male servant."
    ληΐσσατο < ληΐζομαι, "carry off as spoil, get by plunder."

400. See 267.

402. **ἀνάσσοις**: See on 117.

403. **ὅ**: accent from succeeding γε, thus demonstrative article, not relative pronoun; take with ἀνήρ, "he...the man."
    βίηφι: "by force, by might"; -φι is an old dative ending.

404. **ἀπορραίσει'** < ἀπορραίω, "take away, break off," here with double acc.

405. **φέριστε** < φέριστος, "noblest one, good sir."

407. **ἄρουρα**, -ης, F, "arable land, field; country."

409. **χρεῖος** = χρέος, N, "need; business; debt."
    ἐελδόμενος < ἐέλδομαι, "wish, desire, seek."
    τόδ(ε): "to/for this land/purpose."

410. οἷον: exclamatory, adverbial, "as" or "how."
    ἀναΐξας < ἀναΐσσω, "start, spring up."
    ἄφαρ: "quickly."

411. γνώμεναι: Insert subj. ἡμάς and obj. μιν (or the reverse).
    κακῷ: substantive, "a bad man, a bad sort."
    ὦπα < ὤψ, "eye; face."
    ἐῴκει: with dat.

414. ἔλθοι: Subject is understood ἀγγελίη.

415. θεοπροπίης < θεοπροπίη, "prophecy, disclosure of divine will."
    ἐμπάζομαι: See on 271.

416. ἐξερέηται: 3rd sing. subjunct. of ἐξείρομαι; object ἥν τινα.

418f. See 180f.

421. ὀρχηστύν: See on 152.
    ἱμερόεσσαν < ἱμερόεις, "charming, delightful."

422. μένον: here "wait for," with acc. and inf.
    ἐπί...ἐλθεῖν: tmesis.

424. κακκείοντες: contracted part. of κατακείω, "go to rest"; fut. part. = purpose.

425. *θάλαμος, M, "bedroom."
    περικαλλέος: See on 153.
    *αὐλῆς < αὐλή, "courtyard, enclosure"; gen. of place where (S 1448).

426. δέδμητο: 3rd sing. pluperf. pass. of δέμω, "construct, build."
    περισκέπτῳ < περίσκεπτος, "exposed, open on all sides."

427. μερμηρίζων < μερμηρίζω, "ponder, consider."

428. ἄμ': See on 331.
    αἰθομένας < αἴθω, "kindle, burn."
    δαΐδας < δαΐς, -ίδος, F, "torch."
    κεδνά: See on 335; internal acc. with ἰδυῖα.
    ἰδυῖα: part. of οἶδα.

429. Εὐρύκλει' = Eurykleia.

430. πρίατο < πρίαμαι, "buy, purchase."
    κτεάτεσσιν: See on 218.

431. **πρωθήβην** < πρωθήβης, "in full bloom of youth, young."
     ἐεικοσάβοια: N pl. substantive, "the value of 20 oxen."

432. **ἶσα**: N pl. as adverb, "equally."
     τίεν < τίω, "hold in respect, honor."

433. **ἔμικτο** < μίγνυμι (μίσγω in C).
     χόλον < χόλος, M, "anger, wrath."
     ἀλέεινε < ἀλεείνω, "escape, evade, avoid."

434. **ἑ**: See on 321; Telemachus.
     μάλιστα: See on 283.

435. **δμφάων**: with ᾗ, i.e., "(she) among the servants..."
     φιλέεσκε: See on 264.
     τυτθόν < τυτθός, "little, very young."

436. **ὤϊξεν**: aor. of οἴγνυμι, "open"; Telemachus subj.
     πύκα: See on 333.

437. **ἔκδυνε** < ἐκδύνω, "put off, remove."
     ***χιτῶα** < χιτών, M, "chiton," a loose-fitting tunic worn next to the body by men.

438. **τόν**: refers to χιτῶνα.
     γραίης < γραίη = γρηύς (191).
     πυκιμηδέος < πυκιμηδής, "shrewd, clever."

439. **πτύξασα** < πτύσσω, "fold."
     ἀσκήσασα < ἀσκέω, "adjust, smooth."

440. **πασσάλῳ** < πάσσαλος, "peg," on which to hang something.
     ἀγκρεμάσασα < ἀγκρεμάννυμι, "hang up."
     τρητοῖσι: See St.
     λέχεσσι: See on 366.

441. **ἴμεν**: inf. of εἶμι, "go"; take with βῆ.
     ἐπέρυσσε < ἐπερύω, "pull to, close."
     κορώνῃ < κορώνη, "handle."

442. **κληῖδ'** < κληΐς, -ίδος, "bar, bolt; key."
     ἐπί...ἐτάνυσσεν < ἐπιτανύω, "stretch to bolt."
     ἱμάντι < ἱμάς, M, "thong, strap" apparently on the end of the locking bolt, used to pull the inside bolt down from outside (St).

443. **παννύχιος**: adj. from πᾶς + νύξ.

κεκαλυμμένος < καλύπτω, "cover, veil."
οἰός gen < ὄϊς, "sheep."
ἀώτῳ < ἀῶτος, "fleece, fine wool."

444. πέφραδ': reduplicated aor. of φράζω.

Book VI

1. καθεῦδε < καθεύδω, "go to sleep."

2. ἀρημένος: "afflicted, worn out."

3. ῥ': See on α.30.

4. εὐρυχόρῳ: "with wide dancing spaces, spacious."
   Ὑπερείῃ < Ὑπερείη, lit., "Highland."

5. ἀγχοῦ: "near," + gen.

6. σφεας: acc. pl. of 3rd person pronoun.
   σινέσκοντο < σίνομαι, "hurt, harry"; for form see on α.264.
   βίηφι: See on α.403.

7. ἄγε: imperf.

8. εἷσεν: See on α.130; obj. = 'them, the Phaietians.'
   Σχερίῃ: See St.
   ἑκάς: "far from," + gen.
   ἀλφηστάων: See on α.349.

9. ἔλασσε: here, "drive up, construct."
   ἐδείματο: aor. mid. of δέμω (α.426).

10. νηούς < νηός, "temple."
    ἐδάσσατ' < δατέομαι.
    ἀρούρας: See on α.407.

11. κηρί < κήρ, κηρός, F, "death, bane, fate."
    δαμείς: aor. pass. participle of δαμάζω (α.237).
    Ἀϊδόσδε: "to Hades."

12. ἄπο: postpositive.
    μήδεα, N, "counsels, arts, schemes."

13. τοῦ: refers to Alkinoos; with δῶμα.

14. μητιόωσα: See on α.234.

15. ἵμεν: See on α.441.
θάλαμον: See on α.425.

16. κοιμᾶτ(ο) < κοιμάω, in mid. and pass., "lie down to sleep, sleep."
φυήν: "form, figure"; acc. of respect.

18. Χαρίτων < Χάριτες, F, "the Graces."
κάλλος: neuter noun.
ἔχουσαι: participle.

19. σταθμοῖιν < σταθμός, here, "door-post"; genitive dual with ἑκάτερθε.
ἐπέκειντο: See St.

20. ἡ: Athena.
πνοιή: See St 1.14a.
ἐπέσσυτο: aor. mid. of ἐπισσεύω, "hasten/rush towards."
δέμνια: N pl., "bedstead, bed."

21. πρὸς...ἔειπεν: takes double acc. (St); for initial ἐ see St 13.2.

23. ὁμηλικίη, -ης, F, "age-mate, contemporary."
ἔην = ἦν (< εἰμί).
κεχάριστο: pluperf. of χαρίζομαι, "please, delight."

24. ἐεισαμένη < εἴδομαι.

25. μεθήμονα < μεθήμων, "remiss, careless"; with adverb ὧδε, "thus, so."

26. τοι = σοί.
ἀκηδέα < ἀκηδής, here, "neglected."
σιγαλόεντα < σιγαλόεις, "glistening, bright"; see also St.

27. ἵνα + indicative = "where."
καλά: sc. εἵματα.
αὐτήν: "(you) yourself"; subject of infinitive.

28. ἕννυσθαι < ἕννυμι, "put on."
παρασχεῖν: αὐτήν still subject, τά object.
ἄγωνται: i.e., in marriage; also see St.

30. πότνια: See on α.14.

31. ἴομεν: short-vowel subjunct. of εἶμι (St).

ἅμα: temporal, "together with, when."
πλυνέουσαι < πλύνω, "wash"; fut. part. = purpose.
*ἠοῖ: dat. of ἠώς, F, "dawn."
φαινομένηφι: part. with ἠοῖ; for form see on α.403.

32. συνέριθος: F, "fellow-worker."

33. ἐντύνεαι: 2nd sing. short-vowel subjunct. of ἐντύνω, "prepare, make ready."
δῆν: adv., "long, for a long time."
ἔσσεαι: 2nd sing. fut. of εἰμί.

35. αὐτῇ: with τοι.

36. ἐπότρυνον < ἐποτρύνω, "urge, exhort."
ἠῶθι πρό: "before the dawn, with the dawn"(C).

37. ἡμιόνους < ἡνίονος, F, "mule."
ἐφοπλίσαι: aor. inf. of ἐφοπλίζω, "prepare, equip."
ἥ = ἅμαξα.

38. ζῶστρα < ζῶστρον, "belt, girdle."
ῥήγεα < ῥῆγος, "cloth; bedclothes."

39. ὧδε: "thus, this way," i.e., with a cart.
κάλλιον: neuter comparative of καλός; sc. "is."
ἠέ = ἤ.

40. πολλόν: adv., "much, far."
πλυνοί: "washing places."
πόληος: See on α.185.

42. ἕδος, N, "seat, abode."
ἀσφαλές < ἀσφαλής, "fixed, immovable."

43. τινάσσεται < τινάσσω, "shake, quiver."
ὄμβρῳ < ὄμβρος, "rain."

44. δεύεται < δεύω, "wet, moisten."
ἐπιπίλναται < ἐπιπίλναμαι, "approach, come near."

45. πέπταται: perf. pass. of πετάννυμι (α.130).
ἀνέφελος: F (compound adj.).
ἐπιδέδρομεν: 3rd sing. perf. of ἐπιτρέχω, "run toward/on/over"; obj. 'Olympus' understood.
αἴγλη: "radiance, light."

Commentary to *Odyssey* Z (VI)   33

47. διεπέφραδε: reduplicated aor. of διαφράζω, "talk through, converse" or "speak plainly" (Liddell Scott lexicon).

48. εύθρονος, -ον, "well-seated, fair-throned."
    ἔγειρε: aor. of ἐγείρω, "rouse from sleep, waken."

49. εὔπεπλον: "well-dressed."
    ἄφαρ: See on α.410.
    ἀπεθαύμασ': See St.

50. ἴμεναι: See on α.441.

51. κιχήσατο: aor. of κιχάνω, in mid., "come upon, find."

52. ἡ μεν: μήτηρ.
    ἐσχάρῃ < ἐσχάρη, F, "fireplace, hearth" of the megaron.
    ἧστο: See on α.114.

53. ἠλάκατα: N pl., "yarn, wool."
    στρωφῶσ' < στρωφάω, "spin."
    ἁλιπόρφυρα < ἁλιπόρφυρος, "dyed sea-purple."
    τῷ δε: πάτηρ.

54. ξύμβλητο: aor. of συμβάλλω, in mid., "encounter, meet," + dat.

55. ἵνα: See on 27.
    κάλεον: unaug. imperfect.
    ἀγαυοί: "noble, illustrious."

57. ἐφοπλίσσειας: See on 37; aor. optative.

58. εὔκυκλον: "well-wheeled."

59. πλυνέουσα: See on 31.
    ῥερυπωμένα < ῥυπάω, "be dirty."

60. πρώτοισιν: substantive, "the foremost men, the best."
    ἐόντα: same person as σοί; see St.

61. βουλάς: internal (cognate) acc.
    χροΐ: dat. of χρώς, M, "the flesh, one's body."

62. γεγάασιν: 3rd pl. perf. of γίγνομαι.

63. ὀπυίοντες < ὀπυίω, "be married."
    ἠΐθεοι < ἠΐθεος, "bachelor, unmarried youth."

θαλέθοντες < θαλέθω, "flourish, thrive."

64. νεόπλυτα: "newly-washed."

65. χορόν < χορός, M, "dancing, the dance."
    μέμηλεν < μέλω.

66. *αἴδετο: aor. of αἰδέομαι, "be ashamed; dread, stand in awe of."
    ἐξονομῆναι: inf. of ἐξονομαίνω, "mention, name."

68. ἡμιόνων: See on 37.
    τευ = του (τινός).

69. δμῶες: See on α.398.

70. ὑπερτερίῃ: See St.
    ἀραρυῖαν: part. of ἀραρίσκω, "be fitted, be put together," + dat.

71. ἐκέκλετο: reduplicated aor. of κέλομαι.
    ἐπίθοντο: aor. of πείθω, in mid., "obey."

72. ἐκτός: adverbial.
    ἐύτροχον: "well-wheeled, strong-wheeled."
    ἡμιονείην: "mule-drawn."

73. ὅπλεον < ὁπλέω, "prepare."
    ζεῦξαν: 3rd pl. aor. of ζεύγνυμι, "yoke."

75. ἐυξέστῳ < ἐύξεστος, "well-crafted, well-polished."

76. κίστῃ < κίστη, "box, chest."
    μενοεικέ' < μενοεικής, "abundant, satisfying."
    ἐδωδήν: "food."

77. παντοίην: See on α.142.
    ἐν: adverbial, "therein."
    ὄψα < ὄψον, "slice of cooked meat."

78. ἀσκῷ < ἀσκός, "wine-skin, leather bag."
    αἰγείῳ < αἴγειος, "of a goat."

79. ληκύθῳ < λήκυθος, F, "oil-flask."
    ὑγρόν: adj, "fluid, liquid."

80. ἧος = ἕως, here, = ἵνα.
    χυτλώσαιτο < χυτλόω, "anoint."

81. μάστιγα < μάστιξ, F, "whip."
    ἡνία: N pl., "reins."

82. ἐλάαν < ἐλάω = ἐλαύνω; complementary inf.
    καναχή: F, "clatter, clamor."
    ἡμιόνοιιν: gen. or dat. dual.

83. ἄμοτον: adv. "continually, without pause."
    τανύοντο < τανύω, "pull, stretch."

84. ἄλλαι: See on α.132.

85. *ῥόον < ῥόος, "stream, current."

86. ἐπηετανοί: "unfailing, ever-flowing."

87. ὑπεκπρορέει < ὑπεκπρορέω, "flow forth from below."
    καθῆραι: aor. inf. of καθαίρω, "clean, cleanse"; 'modifies' καλόν, i.e., "good for cleaning."

88. αἵ: Nausikaa and her ἀμφίπολοι.
    ὑπεκπροέλυσαν < ὑπεκπρολύω, "loose from underneath, release (acc.) from (gen.)."

89. σεῦαν: aor. 3rd pl. of σεύω, "set in motion, drive."
    δινήεντα < δινήεις, "eddying, whirling."

90. τρώγειν < τρώγω, "nibble, graze on."
    ἄγρωστιν: "clover or grass."

91. ἐσφόρεον < ἐσφορέω, "carry into," + double acc.

92. στεῖβον < στείβω, "tread, trample."
    βόθροισι < βόθρος, "ditch," here, "river-hollow."
    ἔριδα < ἔρις.
    προφέρουσαι < προφέρω, "offer," here, "display, engage in."

93. ῥύπα: N pl., "impurities, dirt."

94. ἐξείης: See on α.145.
    πέτασαν: See on α.130.
    θῖν(α) < θίς, θινός, M, "shore, beach."
    ἧχι: "where."

95. λάϊγγας: "pebbles."
    ποτί = πρός.

ἀποπλύνεσκε < ἀποπλύνω, "wash back."
96. λοεσσάμεναι < λούω.
χρισάμεναι < χρίω, "anoint."
*λίπ(α): "richly, plentiously."
97. ὄχθησιν < ὄχθη, "(river) bank."
98. μένον: See on α.422.
τερσήμεναι: pres. pass. inf. of τερσαίνω, "cause to become dry, dry."
99. τάρφθεν: aor. pass. of τέρπω.
100. σφαίρῃ < σφαῖρα, "sphere, ball."
ταί: F. nom. pl. of article/pronoun.
ἀπό: adverb or tmesis with βαλοῦσαι.
κρήδεμνα: See on α.334.
101. *λευκώλενος, -ον, "white-armed."
μολπῆς < μολπή, "sport, play, dancing."
102. οἴη: See on α.13.
ἰοχέαιρα: "shedder of arrows."
103. Τηΰγετον: mountain in Sparta.
περιμήκετον: "of great height, lofty."
104. ὠκείης < ὠκύς, "quick, nimble."
ἐλάφοισι < ἔλαφος, F, "deer."
105. *αἰγιόχοιο < αἰγίοχος, "aegis-bearing."
106. ἀγρονόμοι: "haunting the fields, country-dwelling."
γέγηθε < γηθέω, "rejoice, be glad."
φρένα: acc. of respect.
Λητώ: Leto, mother of twins Artemis and Apollo; nom.
107. κάρη: See on α.90.
μέτωπα: N pl., "forehead, brow."
108. ῥεῖα: See on α.160.
ἀριγνώτη: "easily recognized, known."
πέλεται: See on α.225.
πᾶσαι: νύμφαι; sc. εἰσί.

Commentary to *Odyssey* Z (VI)   37

109. **μετέπρεπε** < μεταπρέπω, "be distinguished among, stand out," + dat.
    ἀδμής, -ῆτος, "untamed," thus, "unwedded."

111. **ζεύξασ(α):** See on 73.

112. **ἄλλ(α):** substantive, N pl. (note accent).
    ἐνόησε: here, "purpose, intend."

113. **ὡς** = ἵνα.
    ἔγροιτο: See on 48.
    εὐώπιδα < εὐῶπις, "fair-faced, pretty."

114. **οἱ:** obj. of ἡγήσαιτο.

115. **ἔρριψε** < ῥίπτω, "throw, toss."

116. **ἅμαρτε:** takes gen. object.
    δίνῃ < δίνη, "eddy, whirlpool."

117. **ἐπί:** adverbial, "there at, thereupon."
    μακρόν: "loudly."
    ἄϋσαν < ἀύω, "shout, cry."

118. **ὅρμαινε** < ὁρμαίνω, "turn over, consider."

119. **Ὤ μοι:** "woe is me" or a yawn; μοι is unrelated to remainder of sentence.
    τέων = τίνων.

120. **ἄγριοι:** See on α.199.

121. **θεουδής, -ές,** "God-fearing, respectful of the gods."

122. **ἀμφήλυθε** < ἀμφέρχομαι (see form on α.182).
    ἀϋτή, -ῆς, F, "shout, cry."

123. **ὀρέων** < ὄρος, N, "mountain."
    αἰπεινά: See on α.11.
    κάρηνα: See on α.102; here, "peaks, summits."

124. **πίσεα:** N pl., "meadows."
    ποιήεντα < ποιήεις, "grassy."

125. **αὐδηέντων:** "mortal-sounding, using mortal speech," as distinct from the divine.

126. πειρήσομαι: short-voweled subjunct.
ἴδωμαι: aor. subjunct. of ὁράω.

127. θάμνων < θάμνος, "bush, small tree."
ὑπεδύσετο < ὑποδύω, in mid., "come out from under, emerge from," + gen.

128. πτόρθον...φύλλων: "branch of leaves, leafy branch."
κλάσε < κλάω, "break, break off."

129. ῥύσαιτο < ῥύομαι, "guard, protect."
μήδεα: N pl., "genitals."

130. ἀλκί: dat.,"prowess, courage."
πεποιθώς: πείθω in perf. = "trust in."

131. ὑόμενος: "being rained upon."
ἀήμενος: "being blown upon/about."
ὄσσε: nom. neuter dual, "eyes."

132. δαίεται < δαίω, "ignite, kindle," in pass., "burn, blaze."
*ὀίεσσιν < ὄϊς, "sheep."

133. ἀγροτέρας: "wild, untamed."
ἐλάφους: See on 104.

134. *μήλων < μῆλον, "sheep or goat"; gen. with πειράω.
καί: "even."
δόμον: here, "sheep fold, pen."

135. ἐυπλοκάμοισιν: See on α.86.

136. μίξεσθαι < μίγνυμι (μίσγω in C).
χρειώ: F, nom., "need."

137. σμερδαλέος: "terror-striking, horrific."
φάνη: aor. pass. of φαίνω.
κεκακωμένος < κακόω, "disfigure, make foul."
ἄλμῃ < ἄλμη, "sea water, brine."

138. τρέσσαν < τρέω, "flee from, shrink from."
ἄλλυδις ἄλλη: "some in one direction, others in another;" i.e., "in different directions."
ἠϊόνας < ἠϊών, F, "beach, part of the beach."
προὐχούσας: "projecting"; < προέχω.

140. δέος, N, "fear, terror."

Commentary to *Odyssey* Z (VI) 39

γυίων: See on α.192.

141. σχομένη: "holding herself together," or take with ἄντα; < ἔχω.
μερμήριξεν: See on α.427.

142. γούνων: "by the knees"; λαμβάνω takes gen. of part grasped.
λίσσοιτο < λίσσομαι, "beg, entreat"; opt. for deliberative subjunct. in indirect discourse.
εὐώπιδα: See on 113.

143. ἐπέεσσιν < ἔπος.
ἀποσταδά: adverbial, "standing aloof."
μειλιχίοισι < μειλίχιος, "winning, pleasing."

144. εἰ: "in the hope that, if by chance" (C).

145. δοάσσατο: sing. impersonal aor., "it seemed, it appeared."

148. κερδαλέον: "cunning, clever."

149. γουνοῦμαι: lit., "grasp the knees of," thus, "supplicate, entreat."

151. Ἀρτέμιδί σε: with ἐίσκω, "liken x (acc.) to y (dat.), compare x with y."

152. μέγεθος: N, "stature, build."
ἄγχιστα: "most nearly, very closely"; modifies the accusatives of respect.

154. τρισμάκαρες: "thrice-blessed."

155. κασίγνητοι < κασίγνητος, M, "sibling, brother."

156. ἰαίνεται < ἰαίνω, "cheer, comfort."
εἵνεκα = ἕνεκα.
σεῖο = σοῦ.

157. λευσσόντων: gen. absolute with understood σφείων.
τοιόνδε: attracted to gender of θάλος.
θάλος, N, "young shoot, branch"; figurative.
εἰσοιχνεῦσαν: F acc. part. of εἰσοιχνέω, "go to, approach"; agrees with Nausikaa, despite θάλος.

158. ἔξοχον: "beyond, surpassing," + gen.

40 Beth Severy

159. ἐέδνοισι < ἔεδνα N pl., "wedding gifts," usually of bridegroom to bride's parents.
     βρίσας < βρίθω, "be loaded down/heavy with," + dat.
     ἀγάγηται < ἄγω; middle indicates advantage; σ(ε) is obj.

161. σέβας, N, "reverence,wonder."

162. βωμῷ < βωμός, "altar."

163. φοίνικος < φοῖνιξ, -ικος, adj., "palm (tree)."
     ἔρνος, N, "young tree, sapling."
     ἀνερχόμενον: i.e., "growing."

164. κεῖσε: "to there, there."
     μοι: ἕσπετο (< ἕπομαι) here takes dat.

165. τὴν ὁδόν: "that journey" (St).
     ᾗ: "on which"; refers to ὁδόν.
     κήδε(α): "troubles, sufferings"; subject.

166. κεῖνο = ἐκεῖνο, N nom. + acc. sing.
     ἐτεθήπεα < τέθηπα, "marvel, be amazed."

167. δόρυ: here, "tree"; subject.
     ἀνήλυθεν < ἀνέρχομαι.

168. γύναι: vocative sing.
     δείδια < δείδω, "be afraid."
     αἰνῶς: "dreadfully, deeply."

169. ἅψασθαι < ἅπτω, in mid., "grasp, seize," + gen.

170. χθιζός: "yesterday"; temporal adj. often = adv., e.g., πρῶτος = πρῶτον (S 1042).
     οἴνοπα: See on α.183.

171. κῦμ' = κῦμα, nom.
     ἐφόρει < φορέω = φέρω.
     κραιπναί < κραιπνός, "swift, speedy."
     θύελλαι < θύελλα, F, "violent wind, storm."

172. Ὠγυγίης < Ogygia, Calypso's island.
     κάββαλε: contracted aor. of καταβάλλω.

173. τί: adverbial, "somehow," or with κακόν.
     τῇδε: "in this place, here."

Commentary to *Odyssey* Z (VI)   41

174. **παύσεσθ'**: middle inf.; subj. = 'my troubles.'
     τελέουσι: future.
     πάροιθεν: adv., "before that."

175. **ἐλέαιρε**: See on α.19.
     μογήσας < μογέω, "suffer hardship."

176. **πρώτην**: with σέ on 175.

178. **δεῖξον**: imperative of δείκνυμι.
     δός: aor. imperative of δίδωμι.
     ῥάκος: N, "piece of cloth, rag."

179. **εἴλυμα**: N, "wrapper, a wrap."
     σπείρων < σπεῖρα, N pl., "clothing."

180. **δοῖεν**: optative of wish.
     μενοινᾷς < μενοινάω, "wish for, desire."

181. **ὁμοφροσύνην**: "oneness of mind, concord, harmony."
     ὀπάσειαν: 3rd pl. opt. of ὀπάζω, "grant, bestow."

182. **τοῦ** = τούτου.
     κρεῖσσον...ἄρειον: substantive, "a thing stronger and better."

183. **ὁμοφρονέοντε**: dual pres. act. part. of ὁμοφρονέω, "be of like mind with another."
     ἔχητον: dual.

184. **δυσμενέεσι**: dat. of δυσμενής, absolute in pl., "enemies."

185. **χάρματα** < χάρμα, N, "joy, pleasure."
     εὐμενέτῃσι: "well-wishers."
     ἔκλυον: lit., "hear, hearken," thus, "experience, know."

186. **λευκώλενος**: See on 101.

188. **νέμει** < νέμω, "assign, give as one's lot."
     ὄλβον < ὄλβος, "happiness, good fortune."

190. **τετλάμεν**: perf. inf. of τλάω.
     ἔμπης: "in any case, nevertheless."

192. **δευήσεαι**: 2nd sing. fut. of δεύομαι, "lack, be deprived of," + gen.
     τευ: See on 68.

193. ἐπέοιχ' = ἐπέοικε, "it is fitting/right," + acc. and inf. (inf. here understood).
ταλαπείριον < ταλαπείριος, "sorely tried, much-suffering."
ἀντιάσαντα < ἀντιάω, "meet or encounter (someone)."

194. ἐρέω: fut. of εἴρω.

197. τοῦ: personal agent with ἐκ (St).
κάρτος: N, "physical strength, might."

198. Ἦ: "(he,she) spoke/said."

199. μοι: dat. of advantage, specifically of "feeling" (ethical), common with imperative (S 1486); either do not translate or use "please, you see," or the like.
πόσε: "(to) where."
ἰδοῦσαι: participle of ὁράω.

200. μή: expects negative answer, "surely you don't..."(St).
φάσθ': 2nd pl. pres. mid. of φημί, here, "think."

201. διερός: "living."
γένηται: subjunct. with fut. sense (St 36.1).

203. δηϊοτῆτα < δηϊοτής, F, "warfare, strife."

204. πολυκλύστῳ < πολύκλυστος, "much-dashing, surging."

205. ἔσχατοι: See on α.23.
ἄμμι = ἡμῖν.

206. δύστηνος: See on α.55.
*ἀλώμενος < ἀλάομαι, "wander."

207. κομέειν < κομέω, "tend to, minister to."
πρός + gen. = "from, belonging to."

208. πτωχοί < πτωχός, M, "beggar."
τε...τε: See St.

209. βρῶσιν: See on α.191.

210. ἐπί: here, adv. of place, "thereat, there" (C).
σκέπας: N, "shelter, cover."

212. κάδ = κατά.
εἷσαν: See in α.130.

214. πάρ = παρά (apocope; see St 10.1).
φᾶρος: N, "mantle, cloak."
χιτῶνα: See on α.437.

215. ληκύθῳ ὑγρόν: See on 79.

216. ἤνωγον < ἀνώγω.
ῥοῇσι < ῥοή, -ῆς, F, "stream, flow (of a river)."

218. ἀπόπροθεν: "far off, at a distance."

219. ἅλμην: See on 137.
ὤμοιιν: gen. dual of ὦμος, "shoulder."
ἀπολούσομαι, χρίσομαι: short-voweled subjunct.

220. ἀλοιφή: F, "unguent, oil."

221. ἄντην: adv., "face to face, openly, in company."
αἰδέομαι: See on 66.

222. γυμνοῦσθαι < γυμνόω, in mid., "become naked, undress."

223. ἴσαν < εἶμι.

224. νίζετο < νίζω, "wash off, clean off," + double acc.

225. *νῶτα < νῶτον, N, "the back"; pl. = sing.
ἄμπεχεν < ἀμπέχω, "cover."

226. ἔσμηχεν < σμήχω, "wipe off."
χνόον < χνόος, "crust, scum."
ἀτρυγέτοιο: "barren, fruitless."

227. λίπ(α): See on 96.
ἄλειψεν < ἀλείφω, "anoint."

228. ἕσσαθ': See on 28.
*πόρε < πόρω, "give."
ἀδμής: See on 109.

229. θῆκεν: here, "made, caused to be," + complementary adj.
ἐκγεγαυῖα < ἐκγίγνομαι, "be born of," + gen.

230. εἰσιδέειν: 'modifies' μείζονα.
πάσσονα: comparative of παχύς, "stout, strong."

231. οὔλας < οὖλος, -η, "wooly, thick, curly."
     ἄνθει < ἄνθος, N, "flower."

232. περιχεύεται < περιχέω, "pour/spread (acc.) over or onto (dat.)."

233. ἴδρις: "skilled, skilful."
     δέδαεν: "taught," 3rd sing. reduplicated aor. of δάω.

234. χαρίεντα < χαρίεις, "pleasing, lovely."
     τελείει: Subject is ἀνήρ above; dashes indicate breakdown of syntax.

235. τῷ: Odysseus; dat. of advantage or possession.

236. θῖνα: See on 94.

237. κάλλει: See on 18.
     στίλβων < στίλβω, "be resplendent, shine."
     θηεῖτο: imperf. of θηέομαι, "behold, wonder, marvel."

239. κλῦτε: imperative of κλύον, "hear," + gen. of person heard.
     μευ = (ἐ)μοῦ.

240. ἀέκητι: See on α.79.

242. ἀεικέλιος: "mean, shabby, scruffy."
     δέατ(ο): imperf., "he seemed/appeared."

244. αἲ γάρ = εἰ γάρ, "would that"; + opt. introduces a wish.
     πόσις: See on α.15.
     κεκλημένος εἴη: perf. pass. opt. of καλέω.

245. ναιετάων: nom. sing. participle.
     ἅδοι < ἀνδάνω, "please, be pleasing"; impersonal.

247. ἐπίθοντο: See on 71.

249. ἦσθε < ἔσθω, "eat, take food."

250. ἐδητύος < ἐδητύς, -ύος, F, "food, meat."
     ἄπαστος: "not partaking of, existing without," + gen.

252. πτύξασα: See on α.439.

253. ζεῦξεν: See on 73.
     κρατερώνυχας < κρατερῶνυξ, "strong-hooved."

ἄν = ἀνά.

254. ἔκ: adv. here, "(right) out, aloud."
ὀνόμαζεν < ὀνομάζω, "address," lit., "by name."

255. ὄρσεο: mid. aor. imperative of ὄρνυμι; for form see St 16.3.
πέμψω: aor. subjunct.

257. εἰδησέμεν: fut. inf. of οἶδα; subj. (or obj.) τόσσους understood.

258. ἔρδειν < ἔρδω, "do"; imperative force.
ἀπινύσσειν < ἀπινύσσω, "lack understanding, be foolish."

259. ὄφρα: "as long as."
ἄν: See on 253.
ἔργ(α): here, "fields."

261. *καρπαλίμως: "swiftly, immediately."
ἡγεμονεύσω < ἡγεμονεύω, "act as guide, lead."

262. ἐπήν: "when"; for (lack of) construction see St.
πέρι: postpositive.
πύργος, -ου, "fortified wall."

263. λιμήν: See on α.186.

264. λεπτή < λεπτός, "narrow."
εἰσίθμη: F, "entrance."
ἀμφιέλισσαι: "wheeling both ways, maneuverable."

265. εἰρύαται: 3rd pl. perf. pass. of ἐρύω, "pull, drag."
ἐπίστιον: N, "a slip" on which to haul a ship.

266. σφ(ι): dat. of possession.
Ποσιδήιον: "precinct of Poseidon."
ἀμφίς: "round, about," + acc.

267. ῥυτοῖσιν < ῥυτός, "dug out, quarried."
λάεσσι < λᾶας, M, "stone."
κατωρυχέεσσ' < κατωρυχής, "embedded in the ground."
ἀραρυῖα: "be fitted together, constructed"; < ἀραρίσκω.

268. ὅπλα < ὅπλον, here, "(ship's) tackle."
ἀλέγουσι < ἀλέγω, "attend to, be concerned about."

269. πείσματα < πεῖσμα, N, "(ship's) cable."
σπεῖρα < σπεῖρον, N, "clothing," thus, "sail."

46   Beth Severy

ἀποξύνουσιν < ἀποξύνω, "sharpen, hone, polish."
270. βιός: M, "bow."
    φαρέτρη: F, "quiver."
271. ἱστοί < ἱστός, M, "(ship's) mast."
    ἐῖσαι = ἴσαι < ἶσος, "equal, balanced."
272. πολιήν < πολιός, "grayish, gray."
    περόωσι < περάω, "cross, pass over."
273. ἀλεείνω: "escape, evade, avoid."
    ἀδευκέα < ἀδευκής, "harsh, unkind."
274. μωμεύῃ < μωμεύω, "blame, reproach."
275. εἴπῃσι: subjunct. as still dependent on μή on 273.
    ἀντιβολήσας < ἀντιβολέω, "meet, encounter."
278. πλαγχθέντα: See on α.2.
    κομίσσατο < κομίζω, in mid., "tend to, rescue."
    ἧς: possessive pronoun.
279. τηλεδαπῶν < τηλεδαπός, "from far away, from a far country."
280. εὐξαμένῃ: here, as often, εὔχομαι = "pray."
    πολυάρητος: "object of many prayers, much prayed-to."
282. βέλτερον: sc. ἐστί.
    καὐτή = καὶ αὐτή.
284. πολέες: epic nom. pl. of πολύς.
285. ἐρέουσιν: See on 194.
    ἐμοί: Nausikaa is still talking.
    ὀνείδεα < ὄνειδος, N, "word of blame, censure."
286. νεμεσῶ < νεμεσάω, "find fault in, censure," + dat.
287. εὄντων: i.e., "alive."
288. ἀμφάδιον: "open, public."
289. ὦκ(α): "with speed, swiftly"; manuscripts read ὧδ' (see St).
    ξυνίει: aor. imperative of συνίημι, "understand, heed."

290. πομπῆς < πομπή, F, "guidance, escort."
291. δήεις: 2nd sing., "find, come upon."
     ἄλσος, N, "grove."
     κελεύθου < κέλευθος, F, "path, road."
292. αἰγείρων < αἴγειρος, F, "poplar."
     νάει < νάω, "flow."
293. τεθαλυῖα: perf. part. of θάλλω, "grow, flourish."
     ἀλωή, F, "garden, orchard."
294. τόσσον: "so far, such a distance."
     πτόλιος = πόλεως (< πόλις).
     γέγωνε < γέγωνα, perf. with pres. sense, "make one's voice heard"; sc. subject τις (St).
295. χρόνον εἰς ὅ: "the time until which."
297. ἔλπῃ: 2nd sing. mid. of ἔλπω, "suppose, think."
     ποτί: See on 95.
     ἀφῖχθαι < ἀφικνέομαι.
298. ἴμεν: infinitive.
     ἐρέεσθαι: here, "ask for, ask about."
300. ῥεῖα: See on α.160.
     ἀρίγνωτ' < ἀρίγνωτος, "known, recognized, recognizable."
301. ἐοικότα: "similar to, like," + dat.; perf. part. of εἴκω.
     τοῖσι: δώματα Ἀλκινόοιο.
     τέτυκται < τεύχω.
303. ἥρως: genitive.
     κεκύθωσι: redupl. aor. subjunct. of κεύθω, "enclose, hold, have within."
     αὐλή: See on α.425.
305. ἐσχάρῃ: See on 52.
306. ἠλάκατα στρωφῶσ' ἁλιπόρφυρα: See on 53.
     θαῦμα ἰδέσθαι: "a wonder to behold"; refers to her mother and her work.
307. κίονι: See on α.53.
     κεκλιμένη < κλίνω, "lean against," + dat.
     ἧατ': 3rd pl. pres. of ἧμαι.

308. ποτικέκλιται: perf. of προσκλίνω, in pass., "lean close to, be set near."

309. οἰνοποτάζει: "drink wine."
ἐφήμενος < ἐπὶ-ἧμαι.

310. παραμειψάμενος < παραμείβω, in mid., "go past, pass by"; obj. = τόν.

312. καρπαλίμως: See on 261.
καί: "even."
τηλόθεν: here, "far away."

314. ἐλπωρή, F, "hope, expectation."

315. ἐυκτίμενον: "well-built, fair."

316. ἵμασεν: aor. of ἱμάσσω, "lash, whip."
μάστιγι: See on 81.

317. ῥέεθρα: N pl., "stream, current (of a river)."

318. τρώχων: imperfect of τρωχάω, "run."
πλίσσοντο < πλίσσομαι, "prance, trot."

319. ἡνιόχευεν < ἡνιοχεύω, "drive a wagon."
πεζοί: See on α.173.

320. νόῳ: "with thought, thoughtfully"(St).
ἱμάσθλην < ἱμάσθλη, "whip."

323. ἠρᾶτο: imperfect of ἀράομαι, "pray."

324. κλῦθι: See on 239.
Ἀτρυτώνη: "Unwearied One," epithet of Athena.

325. ἄκουσας: 2nd sing. aor.

326. ῥαιομένου, ἔρραιε < ῥαίω, "smite, afflict."
ἐννοσίγαιος: "earth-shaker."

327. δός: here, "grant," + acc. and inf.
ἐλεεινόν: "worthy of pity, pitiable."

329. αἴδετο: See on 66.

Commentary to *Odyssey* Z (VI) 49

330. πατροκασίγνητον: "paternal uncle," i.e., Poseidon.
ἐπιζαφελῶς: "furiously."
μενέαινεν: See on α.20.

Book IX

2. κρεῖον: vocative of κρείων.
ἀριδείκετε: vocative of ἀριδείκετος, "distinguished from, exalted among," + gen.

3. ἀκουέμεν: infinitive.

4. See α.371.

5. τι: "any"; with τέλος.
χαριέστερον < χαρίεις, -εντος, "lovely, fine."

6. ἅπαντα: object of ἔχῃ.

7. δαιτυμόνες: "banqueters, guests at a feast."

9. ἀφύσσων < ἀφύσσω, "draw off" a liquid.

10. φορέῃσι < φορέω = φέρω.
ἐγχείῃ < ἐγχέω, "pour into," + dat.

12. ἐπετράπετο: aor. of ἐπιτρέπω, "turn to, incline toward," + inf.
στονόεντα < στονόεις, "groan-causing, woeful."

13. εἴρεσθ(αι): inf. of εἴρω.
ὀδυρόμενος < ὀδύρομαι, "lament, wail."

14. ὑστάτιον = ὕστατον.

17. εἴδετ(ε): subjunct. of οἶδα (St).
φυγών ὕπο: i.e., ὑποφυγών.
νηλεές < νηλεής, "pitiless, relentless," thus νηλεὲς ἦμαρ = "relentless day, fate."

18. ἔω: subjunct. of εἰμί; still with ὄφρα (purpose).
καί: "even."

19. δόλοισιν: "on account of my wiles or tricks."

21. **εὐδείελον** < εὐδείελος, "bright, shining."
    αὐτῇ: with ἕν; refers to Ithaca.

22. **εἰνοσίφυλλον**: "with shaking leaves."
    ἀριπρεπές < ἀριπρεπής, "bright, conspicuous."

25. **χθαμαλή πανυπερτάτη**: "low or low-lying and furthest out(?)" (St).

26. **ζόφον** < ζόφος, "gloom, dusk," thus, "the west."
    αἱ: Δουλίχιον, Σάμη and Ζάκυνθος.
    ἄνευθε: "away, apart."

27. **τρηχεῖ(α)** < τρηχύς, "rough, rugged"; refers to Ithaca.
    τοι: particle, not pronoun.

28. **ἧς**: See St.

29. **αὐτόθ(ε)**: "from there"; with ἔρυκε.

30. See α.15.

32. **Αἰαίη**: "the Aiaian."
    δολόεσσα < δολόεις, "crafty, wily."

33. **στήθεσσιν**: See on α.341.

34. **ὥς**: See on α.6.
    τοκήων: See on α.170.

35. ***πίονα** < πίων, "fat, rich, fertile."

36. **ἀλλοδαπῇ** < ἀλλοδαπός, "foreign, alien."

37. **εἰ**: See on α.271.
    ἐνίσπω: hortatory subjunctive of ἐννέπω.

38. **ἐφέηκεν**: aor. of ἐφίημι.

39. **Κικόνεσσι**: the Cicones; see St.
    πέλασσεν < πελάζω, "bring into contact with, cause to meet," + dat.

40. **Ἰσμάρῳ**: the town Ismarus (St).
    ἔπραθον: aor. of πέρθω, "sack, ravage."
    ὤλεσα: aor. of ὄλλυμι.

Commentary to *Odyssey* I (IX) 51

42. **δασσάμεθ'**: aor. of δατέομαι.
    μοι: i.e., "as far as I am concerned, for my part" (ethical dat.).
    ἀτεμβόμενος < ἀτέμβω, "wrong, mistreat; deprive of," + gen.
    ἴσης: sc. μοίρας.

43. **διερῷ** < διερός, "nimble, swift."

44. **ἠνώγεα**: pluperf. of ἀνώγω, "bid."

45f. **μῆλα...εἰλίποδας ἕλικας**: See on α.92.

47. **γεγώνευν**: 3rd pl. imperf. of γέγωνα (ζ.294).

48. **γείτονες** < γείτων, "neighbor."
    ἀρείους: nom.

49. **ἤπειρον**: See on α.162.

50. **μάρνασθαι** < μάρναμαι, "fight, do battle with," + dat.
    ὅθι: "where," i.e., "when."

51. **φύλλα** < φύλλον, "leaf."
    ἄνθεα: See on ζ.231.

52. **ἠέριοι**: "with the sun, in the early morning."
    αἶσα, -ης, F, "measure, portion, lot."

53. **αἰνομόροισιν** < αἰνόμορος, "doomed, ill-fated."
    πάθοιμεν < πάσχω.

55. **χαλκήρεσιν** < χαλκήρης, "bronze-tipped."

56. **ἀέξετο** < ἀέξω, "strengthen, increase," i.e., "wax" towards noon.
    ἱερόν: See St.

57. **ἀλεξόμενοι** < ἀλέξω, "defend, resist."
    μένομεν < μένω, here, "resist."

58. **ἦμος** = ὅτε.
    μετενίσσετο < μετανίσσομαι, "pass."
    βουλυτόνδε: "to the time for unyoking of oxen," i.e., "afternoon" (C).

59. **κλῖναν** < κλίνω, "turn, rout."

60. **ἕξ**: "six."

εὐκνήμιδες < εὐκνήμις, "well-greaved, equipped with greaves."

62. προτέρω: here spatial, "forward."
ἀκαχήμενοι: "grieved, sorrowful"; < ἀκαχέω.

63. ἄσμενοι: "well-pleased, glad"; < ἥδομαι; sc. φυγεῖν.
ὀλέσαντες < ὄλλυμι.

64. ἀμφιέλισσαι: See on ζ.264.

65. δειλῶν < δειλός, "luckless, wretched, poor."
ἀῦσαι < ἀύω, "shout or call to"; subj. understood ἡμᾶς.

66. δῃωθέντες < δῃόω, "kill, slay."

67. ἐπῶρσ(ε): aor. of ἐπόρνυμι, "incite (acc.) against (dat.), arouse."
νεφεληγερέτα: See on α.63.

68. λαίλαπι < λαῖλαψ, "furious wind, tempest."
θεσπεσίῃ: "divine, intense, 'god-awful'."

69. ὁμοῦ: adv.,"together, both at once."
ὀρώρει: intransitive pluperf. of ὄρνυμι.

70. ἐπικάρσιαι: either "headlong, plunging" or "drifting sideways" (C); sc. νῆες.
*ἱστία < ἱστίον, "sail."

71. τριχθά: "in three parts/ways."
ἴς, ἰνός, F, "sinew, tendon," thus, "bodily strength, force."

72. τά = ἱστία.
κάθεμεν: 1st pl. aor. of καθίημι.

73. ἐσσυμένως: "with speed, with zeal."
προερέσσαμεν < προερέσσω, "row forward."

74. δύω = δύο.
συνεχές: adv., "continuously."

77. ἱστούς: See on ζ.271.
ἀνά...ἐρύσαντες < ἀνερύω, "draw up, haul up."

78. κυβερνῆται < κυβερνήτης, M, "steersman."

79. ἀσκηθής: "unhurt, unscathed."

Commentary to Odyssey I (IX)

80. **περιγνάμπτοντα** < περιγνάμπτω, "round, bend round"; with με.
    Μάλειαν: See St on γ.287.

81. **ἀπέωσε**: aor. of ἀπωθέω, "drive/thrust back."
    παρέπλαγξεν < παραπλάζω, "drive off course/ away from," + gen.
    Κυθήρων: See St.

82. **ἐννῆμαρ**: "for nine days."

83. **ἰχθυόεντα** < ἰχθυόεις, "fishy, full of fish."
    ἐπέβημεν < ἐπιβαίνω.

84. **Λωτοφάγων**: the Lotus-Eaters.
    ἄνθινον < ἄνθινος, "of the flower, flowery."
    εἶδαρ: See on α.140.

85. **ἀφυσσάμεθ(α)**: See on 9.

87. **ἐπασσάμεθ(α)**: See on α.124.
    ***ποτῆτος** < ποτής, "drink."

88. **προΐειν**: 1st sing. imperf. of προίημι.
    πεύθεσθαι < πυνθάνομαι.

89. **οἵ τινες**: interrogative.

90. **ἄνδρε**: acc. dual.
    ὁπάσσας < ὀπάζω, "send with, send to accompany."

91. **μίγεν**: 3rd pl. aor. of μίγνυμι (α.73).

92. **μήδονθ'** = μήδοντο < μήδομαι, "devise, plan."

94. **καρπόν** < καρπός, "fruit."

96. **αὐτοῦ**: "in the same place, on that spot, there."

97. **ἐρεπτόμενοι** < ἐρέπτομαι, "take as food, munch."
    μενέμεν: infinitive.
    λαθέσθαι < λανθάνω.

98. **κλαίοντας** < κλαίω, "lament, wail."

99. **ζυγά**: "oarsmen's benches."
    ***δῆσα** < δέω, "tie, bind, secure."

100. ἐρίηρας: See on α.346.

101. σπερχομένους < σπέρχω, in mid., "exert oneself, do in haste."
    ὠκειάων: See on ζ.104.

103. κληῖσι < κληΐς, F, "oarlocks" or perhaps "oarsmen's benches" (C).

104. ἑξῆς = ἐξείης.
    πολιήν: See on ζ.272.
    τύπτον < τύπτω, "strike, beat."

106. Κυκλώπων: gen. pl. of 'Cyclops.'
    ἀθεμίστων < ἀθέμιστος, "regardless of right, lawless."

108. φυτεύουσιν < φυτεύω, "plant, (cause to) grow."
    ἀρόωσιν < ἀρόω, "plough, use the plough."

109. ἄσπαρτα < ἄσπαρτος, "unsown, unplanted."

110. πυροί < πυρός, "wheat"; in apposition to τὰ ἄσπαρτα.
    κριθαί: F pl., "barley."
    ἄμπελοι < ἄμπελος, "vine."

111. ἐριστάφυλον < ἐριστάφυλος, "from rich grapes, full-bodied."

112. βουληφόροι < βουληφόρος, "counsel-holding."

113. ὀρέων...κάρηνα: See on ζ.123.

115. ἀλέγουσι: See on ζ.268.

116. λάχεια: "overgrown, rough."
    παρέκ: "outside of."
    τετάνυσται: 3rd sing. perf. of τανύω, "stretch."

117. ἀποτηλοῦ: "far away from," + gen.

118. *αἶγες < αἴξ, M/F, "goat."
    ἀπειρέσιαι: "numberless, countless."
    γεγάασιν: See on ζ.62.

119. πάτος, M, "path," i.e., "frequent passage."

120. μιν = νῆσον.
    κυνηγέται < κυνηγέτης, "hunter."

121. κορυφάς = κάρηνα.
 ἐφέποντες < ἐφέπω, "search, explore" a place.

122. ποίμνῃσιν < ποίμνη, "flock."
 καταΐσχεται < καταίσχω, here, "occupy"; sc. νῆσος (C).
 ἀρότοισιν < ἄροτος, "plowed land, crop land."

124. χηρεύει < χηρεύω, "lack, be without," + gen.
 μηκάδας: "bleating."

125. νέες < νηῦς.
 μιλτοπάρῃοι: M/F, "red-prowed."

126. τέκτονες < τέκτων, "skilled worker."
 κάμοιεν: aor. opt. of κάμνω, "labor at, make."

127. ἐϋσσέλμους < ἐΰσσελμος, "having good rowing-benches."

128. ἱκνεύμεναι: complementary part. with τελέοιεν.
 οἶα: adv. acc., "in (such a way) as."

129. περόωσι: See on ζ.272.

130. ἐϋκτιμένην < ἐϋκτίμενος, "well-built, well-established, developed."

131. κακή = νῆσος.

132. ὄχθας: See on ζ.97.

133. ὑδρηλοί: "well-watered."
 ἄφθιτοι: "imperishable, never-failing."

134. ἄροσις, F, "arable land."
 λείη < λεῖος, "unbroken, smooth."

135. ἀμῷεν < ἀμάω, "reap."
 πῖαρ, N, "richness," i.e., "rich soil."

136. εὔορμος: "with good mooring, well-sheltered."
 πείσματος < πεῖσμα, N, "ship's cable."

137. εὐνάς: "anchor-stones" used to moor a ship.
 πρυμνήσι(α): "stern cables, `mooring cables."

138. ἐπικέλσαντας < ἐπικέλλω, "bring or come to shore."

εἰς: "to, until"; here postpositive.

139. ἀῆται < ἀήτης, M, "blast, blowing wind."

140. κρατός: gen. of κάρη, N, "head."

141. σπείους: gen. of σπέος.
αἴγειροι: See on ζ.292.
πεφύασιν < φύω.

142. ἡγεμόνευε < ἡγεμονεύω, "lead, guide"; sc. ἡμᾶς.

143. ὀρφναίην < ὀρφναῖος, "murky, dark."
προὐφαίνετ' < προφαίνω.

144. ἀήρ, ἠέρος, F, "mist, cloud."

146. ἐσέδρακεν < ἐσδέρκομαι.

147. κυλινδόμενα < κυλίνδω, in mid. and pass., "roll along."
προτί = πρός.

150. ῥηγμῖνι < ῥηγμίς, F, "the surf, breakers; beach."

151. ἀποβρίξαντες < ἀποβρίζω, "fall asleep."

152. ἠριγένεια: "early-born."

153. ἐδινεόμεσθα: "wandered, roved"; < δινέω.

154. ὦρσαν < ὄρνυμι.

155. ὀρεσκῴους: "mountain-dwelling."

156. καμπύλα: "bent, curved."
αἰγανέας < αἰγανέη, "goat-spear."
δολιχαύλους: "long-shafted, long."

157. διά...τρίχα: "in three groups."

158. βάλλομεν: i.e., "we hunted"; imperfect.
μενοεικέα: See on ζ.76.
θήρην < θήρη, "hunting; quarry, prey."

160. λάγχανον: imperf. of λαγχάνω, here, "be assigned, fall to the lot of."
ἔξελον < ἐξαιρέω; subj. = the crew, presumably.

161. πρόπαν = πᾶν.
162. ἄσπετα: "unspeakable, boundless."
163. ἐξέφθιτο: pluperf. of ἐκφθίω, in pass., "be consumed, perish from," + gen.
ἐρυθρός: "red."
164. ἐνέην: 3rd sing. imperf. of ἔνειμι.
ἀμφιφορεῦσιν < ἀμφιφορεύς, "two-handled jar."
165. ἠφύσαμεν: See on 9.
πτολίεθρον: See on α.2.
166. ἐλεύσσομεν < λεύσσω, "look at."
167. φθογγήν: "voice, cry"; see St.
168. κατέδυ: 3rd sing. aor. of καταδύω.
ἐπί...ἦλθε: tmesis.
κνέφας: N nom., "dusk, dark."
169. κοιμήθημεν: See on ζ.16.
171. θέμενος < τίθημι.
172. ἄλλοι: i.e., those not on Odysseus' ship (St).
μίμνετ(ε) < μίμνω, "remain, stay."
175f. ἤ...ἦε: "whether...or"; explains οἵ τινές εἰσιν.
176. θεουδής: See on ζ.121.
178. ἀνά...λῦσαι: "loosen."
πρυμνήσια: See on 137.
179f. See 103.
182. *ἐσχατιῇ: "edge, furthest point."
183. κατηρεφές < κατηρεφής, "roofed, overhung."
184. ἰαύεσκον: iterative of ἰαύω, "rest, pass the night."
περί: adverbial.
185. δέδμητο: See on α.426.

κατωρυχέεσσι: See on ζ.267.

186. πίτυσσιν < πίτυς, F, "pine tree."
ἰδέ = ἠδέ.
δρυσίν: See St.

187. ἐνίαυε: See St.
*πελώριος: "gigantic, mighty."

188. ποιμαίνεσκεν < ποιμαίνω, "tend, shepherd."
ἀπόπροθεν: "far apart/away."

189. πωλεῖτ(ο) < πωλέομαι, "go to and from, 'hang out.'"
ἀθεμίστια = ἀθέμιστα (see on 106).
ἤδη: See St.

190. ἐτέτυκτο: τεύχω in perf. and pluperf. pass. = εἰμί.
ἐῴκει: pluperf. of εἴκω.

191. σιτοφάγῳ: "bread-eating, grain-eating."
ῥίῳ < ῥίον, "peak, pinnacle."

193. ἄλλους: See on α.132.

194. αὐτοῦ: See on 96.
πάρ = παρά.

196. αἴγεον ἀσκόν: See on ζ.78; also see St.

198. ἱρεύς: See St.
Ἴσμαρον: See St on 196.
ἀμφιβεβήκει: i.e., "guard, protect."

199. οὕνεκα = οὗ ἕνεκα, "on account of this thing that, because."
περισχόμεθ᾽ < περιέχω, in mid., "throw one's arms around," thus, "protect, defend" (C); with object μιν (Μάρων).

200. ἀζόμενοι: "respecting, reverencing."
ᾤκει < οἰκέω.

201. πόρεν: See on ζ.228.

202. εὐεργέος < εὐεργής, "well-worked, skillfully-made."
τάλαντα: See St.

204. ἀμφιφορεῦσι: See on 164.

Commentary to *Odyssey* I (IX) 59

205. **ἀκηράσιον**: "unmixed, pure."
     αὐτόν: the wine.
206. **ἠείδη**: 3rd sing. pluperf. of οἶδα.
207. **αὐτος**: Μάρων.
     μί' < εἷς, μία, ἕν, "one."
209. See St.
210. **ὀδώδει** < ὄζω, "have a fragrance, smell."
211. **θεσπεσίη**: See on 68.
212. **ἦα**: contracted ἤια, N pl., "provisions, supplies."
213. **κωρύκῳ** < κώρυκος, "bag, sack."
     ἀγήνωρ: See on α.106.
214. **ἐπελεύσεσθαι**: understood θύμον or με/ἡμᾶς subj. or obj.
     ἐπιειμένον: "wearing, cloaked with"; < ἐπιέννυμι.
216. **καρπαλίμως**: See on ζ.261.
     ***ἄντρον**, N, "cave, cavern."
217. **ἐνόμευε** < νομεύω, "tend, drive (a flock)."
     νομόν < νομός, "pasture, grazing land."
     κάτα: postpositive.
218. **ἐθηεύμεσθα**: See on ζ.237.
219. **ταρσοί** < ταρσός, "basket."
     βρῖθον < βρίθω, "be heavy/loaded down with," + gen.
     σηκοί: "pens, sheep folds."
220. **ἐρίφων** < ἔριφος, "young goat, kid."
     διακεκριμέναι: "separated, sorted out."
221. **ἔρχατο**: See St.
     πρόγονοι: "those born before, firstlings" (C).
     μέτασσαι: "the later ones" (C).
222. **ἔρσαι** < ἔρση, "newly weaned lamb or kid" (C).
     ναῖον < ναίω, "flow," i.e., "be filled to overflowing."
     ὀρῷ < ὀρός, "whey."
     ἄγγεα < ἄγγος, "vessel, pail."

223. γαυλοί τε σκαφίδες τε: "milk pails and jars."
τετυγμένα: with ἄγγεα; see St.
ἐνάμελγεν < ἐναμέλγω, "milk into," + dat.

224. πρώτισθ' = πρώτιστ'.

225. *αἰνυμένους < αἴνυμαι, "take hold of, take away"; sc. ἡμᾶς.

227. ἁλμυρόν: "salty, briny."

229. ξείνια: "guest/friend things," i.e., "(welcoming) gifts."

230. φανείς: aor. pass. part. of φαίνω.
ἐρατεινός: "pleasant, fair."

231. κήαντες: aor. part. of καίω.

233. ἧος = ἕως, here, "until."
νέμων < νέμω, "tend/drive flocks."
ἄχθος, N, "burden, load."

234. ἀζαλέης < ἀζαλέος, -η, "dried, dry."
ποτιδόρπιον: "available/ready for dinner" (C).

235. βαλών: obj. = ἄχθος ὕλης.
ὀρυμαγδόν < ὀρυμαγδός, "sound, noise."

236. δείσαντες: See on ζ.168.
ἀπεσσύμεθ' < ἀποσεύω, "dart/speed away."

238. ἄρσενα < ἄρσην, "male."
θύρηφι(ν): -φι here = locative, as often.

239. τράγους < τράγος, "billy-goat, he-goat."
ἔκτοθεν αὐλῆς: See St.

240. θυρεόν < θυρεός, "door-stone, door-block."
ὑψόσ(ε): "high, to a high position."

242. οὔδεος < οὖδας, "the ground."
ὀχλίσσειαν < ὀχλίζω, "raise, lift."

243. ἠλίβατον: See St.

244. μηκάδας: See on 124.

245. ἔμβρυον, N, the "young" of an animal (C); direct object of ἧκεν.
246. ἥμισυ: N of ἥμισυς, "half"; obj. of θρέψας and κατέθηκεν.
     θρέψας: See St.
247. πλεκτοῖς ταλάροισιν: "braided or twisted baskets."
     ἀμησάμενος < ἀμάω, "collect, bring together."
249. αἰνυμένῳ: with οἱ; see on 225.
250. πονησάμενος < πονέομαι, "work at, busy oneself with."
     ἅ: "his" (St 12.2).
251. ἔσιδεν < εἰσοράω.
252. πλεῖθ' = ἐπλεῖτο < πλέω.
     ὑγρά: See on α.97.
     κέλευθα: See on ζ.291.
253. μαψιδίως: "idly, aimlessly, thoughtlessly."
     ἀλάλησθε < ἀλάομαι.
254. οἷα: See on 128.
     ληϊστῆρες < ληϊστήρ, M, "rover, raider, pirate."
     ὑπείρ = ὑπέρ.
255. παρθέμενοι < παρατίθημι, here, "set at risk, hazard."
     ἀλλοδαποῖσι: See on 36.
256. κατεκλάσθη < κατακλάω, "break, snap."
257. δεισάντων: See St.
     φθόγγον: See on 167.
     πέλωρον = πελώριον (187).
259. τοι: See on 27.
     ἀποπλαγχθέντες < ἀποπλάζω, "drive off course, make wander."
260. λαῖτμα: N, "gulf."
261. ἱέμενοι: See on α.6; sc. "to travel."
     ἄλλην...ἄλλα: See on ζ.138.
262. μητίσασθαι < μητίομαι, "contrive, plan."

264. τοῦ: Agamemnon.
265. διέπερσε < διαπέρθω, "sack, ravage."
ἀπώλεσε < ἀπόλλυμι.
266. κιχανόμενοι < κιχάνω, "come up to, present oneself to," here in supplication.
γοῦνα: See on α.267; object of κεχανόμενοι.
268. δωτίνην = δῶρον.
269. αἰδεῖο: See on ζ.66.
φέριστε: See on α.405.
ἱκέται < ἱκέτης, Μ, "suppliant."
270. ἐπιτιμήτωρ, Μ, "patron, protector."
271. αἰδοίοισιν: See on α.139.
ὀπηδεῖ < ὀπηδέω, "act as guardian, attend to."
272. νηλέϊ: See on 17.
273. εἰς < εἰμί.
εἰλήλουθας < ἔρχομαι.
274. δειδίμεν: inf. with με as subj.
ἀλέασθαι: aor. mid. inf. of ἀλέομαι, "escape, avoid."
275. ἀλέγουσιν: See on ζ.268.
277. ἔχθος, Ν, "disfavor, hatred."
πεφιδοίμην < φείδομαι, "keep from harming, spare," + gen.
279. εἶφ = εἶπε.
ὅπῃ: "where, in what place."
ἔσχες < ἔχω.
280. ἤ...ἤ: "either...or."
ἐσχατιῆς: See on 182.
δαείω: aor. subjunct. of δάω, "learn, get to know."
281. πειράζων < πειράζω, "test, make trial of."
λάθεν < λανθάνω.
εἰδότα: modifies ἐμέ.
282. ἄψορρον: "back, back again."

283. κατέαξε < κατάγνυμι, "break, splinter, wreck."
ἐνοσίχθων: See on α.74.

284. ὑμῆς: See on α.375.
πείρασι < πεῖραρ, N, "border, boundary."

285. προσπελάσας < προσπελάζω, "bring into contact with, drive against," + dat.
ἔνεικεν < φέρω.

286. *ὑπέκφυγον < ὑπεκφεύγω, "escape, avoid."
αἰπύν: See on α.11.

288. ἀναΐξας: See on α.410.
ἑτάροις: object of ἐπί in ἐπί-ἴαλλε (tmesis).

289. σύν: adv., "together, in a mass."
μάρψας < μάρπτω, "lay hold of, seize."
σκύλακας < σκύλαξ, F, "puppy."

290. ἐκ: adverbial.
ἐγκέφαλος: the substance ἐν κεφάλῃ.
χαμάδις: "to the ground, onto the ground."
δεῦε: See on ζ.44.

291. διὰ...ταμών < διατέμνω (τάμνω in C).
μελεϊστί: "limb by limb."
ὁπλίσσατο: See on ζ.73.

293. ἔγκατα, N, pl., "entrails, guts."
μυελόεντα < μυελόεις, "marrowy, full of marrow."

294. ἀνεσχέθομεν < ἀνέχω.

295. *σχέτλια < σχέτλιος, -η, "cruel, hard-hearted."
ἀμηχανίη: "helplessness."

296. νηδύν < νηδύς, F, "belly."

297. κρέ' = κρέα.
ἄκρητον γάλα: See St.

298. ἄντροιο: See on 216.
τανυσσάμενος: See on α.138; note middle.

299. τόν = ξίφος (300); object of inf. οὐτάμεναι (301), "to thrust, lunge."

300. ἆσσον: comparative of ἄγχι, "near."
μηροῦ < μηρός, M, "thigh."

301. ἧπαρ, -ατος, N, "liver"; also see St.

302. χείρ' = χείρι; dat. of means.
ἐπιμασσάμενος < ἐπιμαίομαι, "aim at, seek for; touch"; sc. object στῆθος.
θυμός: here, "idea, thought, intention."

303. αὐτοῦ: See on 96.
ἄμμες = ἡμεῖς (St 10).
ὄλεθρον: internal (cognate) acc. (St).

305. ἀπώσασθαι: See on α.270.

306. στενάχοντες: See on α.243.

311. δύω: sc. ἑταίρους.

313. ῥηϊδίως: "easily."
ἀφελών < ἀπό-αἱρέω.

314. ἄψ: See on α.276.
τε: See St.
πῶμ(α), -ατος, N, "lid, stopper, cap."

315. ῥοίζῳ < ῥοῖζος, "whistling."

316. λιπόμην: pass. of λείπω.
βυσσοδομεύων: See St.

317. εὖχος, N, "triumph, glory."

319. Κύκλωπος: gen.
ῥόπαλον, N, "stick, club."
σηκῷ: See on 219.

320. χλωρόν: adj., "green, freshly cut."
ἐλαΐνεον: "of olive wood."
ἔκταμεν < ἔκ - τάμνω.
φοροίη < φορέω (φέρω).

321. αὐανθέν: N aor. part. pass. of αὐαίνω, "dry, dry out."
εἴσκομεν...ὅσσον: "make as much/long as."

322. ἱστόν: See on ζ.271.
ἐεικοσόροιο: "of twenty oars."

323. φορτίδος < φορτίς, adj., "for cargo, transport."
ἐκπεράᾳ < ἐκπεράω, "pass over, traverse."
λαῖτμα: See on 260.

324. μῆκος, N, "length, height"; acc. of respect.
πάχος, N, "breadth, width."

325. τοῦ: one of the objects of ἀπέκοψα.
ὅσον: with length, "about."
ὄργυιαν < ὄργυια, "the length of an outstretched arm, a fathom."

326. ἀποξῦσαι: See St.

327. ὁμαλόν: "smooth."
ἐθόωσα < θοόω, "sharpen, put a point on."

328. ἐπυράκτεον < πυρακτέω, "harden by fire, put into a fire."
κηλέῳ: "burning, blazing."

329. κόπρῳ < κόπρος, F, "dung, manure."

330. κέχυτο < χέω, "shed, spread, pile up."
ἤλιθα: strengthens πολλή (C).

331. κλήρῳ < κλῆρος, "a lot, a lottery."
πεπαλάσθαι: See St.

332. ὅς: "(to see) who."
τολμήσειεν < τολμάω, "endure, undertake," + inf.
μοχλόν: "bar, lever."
ἀείρας < αἴρω.

333. τρῖψαι < τρίβω, "rub, work around."

334. ἔλαχον < λαγχάνω.
τούς = οὕς (St 11.2).
ἑλέσθαι: "be choosen"; < αἱρέω.

335. ἐλέγμην: See St.

336. ἑσπέριος, adj., "in the evening, at eveningtime"; for form see on ζ.170.
καλλίτριχα < καλλίθριξ, "fair-coated, with thick wool."

338. i.e., in contrast to his practice in 238.
339. ὀϊσάμενος < οἴομαι.
341. μηκάδας: See on 124.
345. προσηύδων < προσαυδάω.
    ἄγχι: See on α.157.
346. κισσύβιον: See St.
347. τῆ: "there! come!" with imperative.
348. ἴδῇς: aor. subjunct. of ὁράω.
    ἐκεκεύθει < κεύθω, "hide, hold."
349. λοιβήν < λοιβή, "libation."
    φέρον: imperf.
    εἰ: See ὅς on 332.
    ἐλεήσας < ἐλεέω, "pity, take pity upon."
350. μαίνεαι < μαίνομαι, "rage, be a madman."
    ἀνεκτῶς: "bearably, endurably."
352. πολέων = πολλῶν.
    ἔρεξας < ῥέζω.
353. δέκτο < δέχομαι.
    ἥσατο < ἥδομαι, "enjoy oneself, take delight."
354. ᾔτεε < αἰτέω.
355. πρόφρων: "eager, zealous."
    τεόν: See on α.295.
356. δῶ < δίδωμι.
    χαίρῃς < χαίρω; subjunct. expresssing purpose (St 36.3).
357. ζείδωρος, -ον, "grain-giving."
358. ἐριστάφυλον: See on 111.
359. ἀπορρώξ, -ῶγος, "(piece) broken off, sample."
360. *αἴθοπα: "bright, sparkling."
361. ἀφραδίῃσιν < ἀφραδίη, "senselessness, folly."

362. περί...ἤλυθεν < περιέρχομαι.
365. ὑπέστης: 2nd sing. aor. of ὑφίστημι, "promise."
366. Οὖτις: See St.
    κικλήσκουσι < κικλήσκω, "call, name."
369. πύματον...μετά οἷς: See St.
370. ἄλλους: another object of ἔδομαι.
371. ἦ: "he spoke."
    πέσεν < πίπτω.
    ὕπτιος: "on the back, supine."
372. ἀποδοχμώσας < ἀποδοχμάω, "turn sideways, cause to droop."
    αὐχένα < αὐχήν, M, "neck."
    κάδ...ἤρει < κατά-αἱρέω.
373. πανδαμάτωρ: "all conquering."
    ἐξέσσυτο < ἐκσεύω, "speed/gush forth from."
374. ψωμοί < ψωμός, "bit, chunk."
    ἐρεύγετο: See St.
    οἰνοβαρείων: "heavy with wine," thus, "drunk."
375. σποδοῦ < σποδός, "ash, ember."
376. ἧος = ἵνα.
377. θάρσυνον < θαρσύνω, "encourage, hearten."
    ἀναδύη < ἀναδύω, "draw back, flinch"; for form see St.
379. ἄψεσθαι < ἅπτω, in mid., "catch fire" (C).
    χλωρός: See on 320.
    διεφαίνετο < διαφαίνω, in pass., "glow" (C).
380. ἆσσον: See on 300.
381. θάρσος: N.
383. ἐνέρεισαν < ἐνερείδω, "thrust/press into," + dat.
    ἐφύπερθεν: "from above, onto."
384. δίνεον < δινέω, "cause to revolve, twist."
    τρυπῷ < τρυπάω, "drill, bore."

385. ἔνερθεν: "from beneath, below."
ὑποσσείουσιν < ὑποσείω, "move from below, help move."
ἱμάντι: See on α.442.

386. τρέχει < τρέχω, "run, move."
ἐμμενές: "continuously."

387. πυριήκεα < πυριήκης, "sharpened by fire."

388. αἷμα, -ατος, N, "blood."

389. βλέφαρ(α): See on α.364.
ὀφρύας < ὀφρύς, F, "eyebrow."
εὖσεν < εὕω, "singe."
ἀϋτμή, F, "breath," here, "heat."

390. γλήνης < γλήνη, "eyeball."
σφαραγεῦντο < σφαραγέομαι, "crackle, sputter."
ῥίζαι < ῥίζα, "root."

391. πέλεκυν...σκέπαρνον: "axe, adze."

392. ψυχρῷ: "cold."
ἰάχοντα < ἰάχω, "cry, make a noise," thus here, "hiss"; N pl. refers to things in general.

393. φαρμάσσων < φαρμάσσω, "temper, harden (metal)."
τό: "this," i.e., "the tempering" (St).

394. τοῦ: Cyclops.
σίζ(ε) < σίζω, "sizzle, hiss."

395. σμερδαλέον: See on ζ.137.
ᾤμωξεν < οἰμώζω, "cry out in pain, scream."
περί: adverbial.

396. ἀπεσσύμεθ(α): See on 236.

397. ἐξέρυσ' < ἐξερύω; subj. ὁ (Cyclops).
πεφυρμένον < φύρω, "moisten, stain."

398. ἔρριψεν: See on ζ.115.
ἕο = αὐτοῦ.
ἀλύων < ἀλύω, "express pain, be distraught."

399. ἤπυεν < ἠπύω, "call to, roar at."

μεγάλ(α): N pl. as adverb.

400. ἄκριας < ἄκρις, F, "hill-top."
ἠνεμοέσσας < ἠνεμόεις, "wind-blown, windy."

401. ἀΐοντες: See on α.298.
ἐφοίτων: 3rd pl. imperf. of φοιτάω, "come, make one's way."

402. κήδοι < κήδω, "cause pain to, trouble"; opt. in indirect question.

403. τίπτε = τί, "why? with respect to what?"
ἀρημένος: See on ζ.2

404. ἀΰπνους < ἄυπνος, "sleepless."
ἄμμε = ἡμᾶς.

405. σευ = σοῦ.

410. βιάζεται < βιάζω, in mid., "use violence against, press."

411. νοῦσον < νοῦσος, "illness, ailment."
οὔ πως ἔστι: "there is no way, it is not possible."
ἀλέασθαι: See on 274.

413. ἐγέλασσε < γελάω, "smile, laugh."

414. ἐξαπάτησεν < ἐξαπατάω, "work a trick, accomplish deceit."
ἀμύμων: See on α.29.

415. ὠδίνων < ὠδίνω, "suffer, be in agony."
ὀδύνῃσι < ὀδύνη, "pain, pang."

416. ψηλαφόων < ψηλαφάω, "feel around, grope about."
ἀπό: with θυράων.

417. εἰνί = ἐν.
χεῖρε: acc. dual of χείρ, "hand."

418. εἰ: See on 332.
ὄεσσι: dat. pl. of ὄϊς.
στείχοντα < στείχω, "go, make one's way."

419. ἤλπετ' < ἔλπω, in mid., "suppose, think, expect."
νήπιον: modifies μ(ε).

420. ὄχ(α): intensifies ἄριστος, "by far, the very."

70   Beth Severy

422. ὕφαινον < ὑφαίνω, "weave, compose, devise."
423. ὥς τε περί ψυχῆς: "as it concerned (our) life(lives), as it was a matter of life."
425. εὐτρεφέες < εὐτρεφής, "well-fed, plump."
    δασύμαλλοι < δασύμαλλος, "thick-fleeced."
426. ἰοδνεφές < ἰοδνεφής, "violet-dark, dark."
    εἶρος, N, "wool."
427. ἀκέων: "in silence, without speech."
    συνεέργον < συν-έργω, "work together, fasten together."
    ἐϋστρεφέεσι < ἐϋστρεφος, "well-twisted, easily plaited."
    λύγοισι < λύγος, F, "flexible twig or branch."
428. τῇς: λύγοισι.
    εὗδε < εὕδω, "be asleep, sleep."
    πέλωρ, N, "monster, daunting creature."
429. αἰνύμενος: See on 225.
    ὁ: "the one (sheep)."
430. ἴτην: 3rd dual imperf. of εἶμι.
    σώοντες < σαόω, "save, protect, rescue"; plural with dual (τὼ ἑτέρω) as often (St).
431. φῶτ(α): See on α.324.
433. τοῦ: gen. with verb of seizing (S 1346).
    νῶτα: See on ζ.225.
    λασίην: "shaggy, woolly."
    ἐλυσθείς < εἰλύω, "roll up, curl up."
434. ἀώτου: See on α.443.
435. νωλεμέως: "without pause, without a break."
    στρεφθείς: See St.
    τετληότι < τλάω.
438. νομόνδ(ε): See on 217.
    ἐξέσσυτο: See on 373.
439. ἐμέμηκον < μηκάομαι, "bleat."
    ἀνήμελκτοι: "unmilked."

440. οὔθατα < οὖθαρ, N, "udder."
σφαραγεῦντο < σφαραγέομαι, "be full to bursting."
ἄναξ: Polyphemos.

441. τειρόμενος: See on α.342.
ἐπεμαίετο: See on 302.

442. ὀρθῶν < ὀρθός, "upright, correct."
ἐσταότων < ἵστημι.

443. ὡς: probably "that" (explaining τό on 442), not "since, as."
οἱ = ἑταῖροι.
εἰροπόκων < εἰροπόκος, "woolly-fleeced."
δέδεντο < δέω (α.96).

445. λάχνῳ < λάχνος, "wool."
στεινόμενος < στείνω, "impede the movement of, encumber."
πυκινά: inner obj. of φρονέοντι.

447. κριέ: vocative of κριός, "ram."
πέπον < πέπων, "good, gentle, dear"; used in address.
ἔσσυο < σεύω.

448. λελειμμένος < λείπω; see St.

449. νέμεαι < νέμω, "feed on, graze."
τέρεν(α) < τερήν, "delicate, soft."
ποίης < ποίη, "grass."

450. βιβάς < βιβάω = βαίνω.
μακρά: adv., "with long strides."
ῥοάς: See on ζ.216.

451. σταθμόνδε < σταθμός, here, "farmstead, farm house."

452. πανύστατος: "last of all."

453. ποθέεις: See on α.343.
ἐξαλάωσε < ἐξαλαόω, "blind"; obj. τόν (= ὀφθαλμόν).

454. δαμασσάμενος < δαμάζω.

455. πεφυγμένον ἔμμεν: periphrastic perf. inf.

456. ὁμοφρονέοις: See on ζ.183; opt. of wish.
ποτὶ φωνήεις: See St. for case.

457. εἰπεῖν: expands φωνήεις.
ἠλασκάζει < ἠλασκάζω, "flee from, shun."

458. ἐγκέφαλος: See on 290.

459. θεινομένου < θείνω, "strike, hit"; see St for case.
ῥαίοιτο: See on ζ.326.
οὔδεϊ < οὖδας.
κάδ...λωφήσειε < καταλωφάω, "find relief from," + gen.

460. οὐτιδανός: "worthless, good for nothing."

461. ἕο = αὐτοῦ.

462. ἠβαιόν: "a little (way)."

464. ταναύποδα < ταναύπους, "long-striding, boldly-stepping."
δημῷ < δημός, "fat."

465. περιτροπέοντες: See St.

466. ἀσπάσιοι < ἀσπάσιος, "welcomed, welcome."

467. τοὺς δέ: "but the others."
γοῶντες < γοάω, "weep for, mourn for."

468. εἴων: imperf. of ἐάω.
ἀνά...νεῦον: See St.
ὀφρύσι: See on 389.

469. καλλίτριχα: See on 336.

470. ἁλμυρόν: See on 227.

473. ἀπῆν: 3rd sing. imperf. of ἄπειμι.
γέγωνε: See St.

474. κερτομίοισι < κερτόμιος, "mocking, teasing."

475. ἀνάλκιδος < ἄναλκις, "spiritless, cowardly."

476. ἔδμεναι < ἔδω.

477. καί λίην: See on α.46.
ἔμελλε: impersonal.
κιχήσεσθαι: See on ζ.51.

478. ἄζεο < ἄζομαι, with inf., "shrink from (doing something)."

479. τῷ = τούτῳ.

480. κηρόθι = κῆρ + -θι (place where).

481. ἀπορρήξας < ἀπορρήγνυμι, "break off."

482. κυανοπρῴροιο < κυανοπρῷρος, "with dark-blue prow, dark-prowed."

483. ἐδεύησεν < δεύω, "lack, fall short of, fail."
οἰήϊον, N, "steering oar."

484. ἐκλύσθη < κλύζω, "wash up, surge up."

485. τήν = νῆα.
παλιρρόθιον < παλιρρόθιος, "backward-flowing."

486. πλημυρίς: F, nom., "swell, flood"; in apposition to κῦμα.
θέμωσε < θεμόω, "drive, carry."

487. περιμήκεα < περιμήκης, "surpassingly long, lengthy."
κοντόν < κοντός, "pole."

488. ὦσα < ὠθέω, "push, shove."
παρέξ: adverb, "out, past, off."

489. κώπης < κώπη, "handle" of an oar; see St.
κακότητα < κακότης, "harm, trouble, evil."

490. κρατί < κάρη.
κατανεύων: cf. ἀνά...νεῦον on 468.
προπεσόντες < προπίπτω, "bend forward."
ἔρεσσον < ἐρέσσω, "row."

491. δίς: Take with τόσσον.
πρήσσοντες < πράσσω, here, "pass over, traverse."

493. ἐρήτυον < ἐρητύω, "hold back, restrain, check."

494. ἐρεθιζέμεν < ἐρεθίζω, "provoke."

496. φάμεν: See St.

497. φθεγξαμένου < φθέγγομαι, "utter a sound, speak."

498. ἄραξ' < ἀράσσω, "smash."
δοῦρα < δόρυ.

499. μαρμάρῳ: "quartz, marble."
ὀκριόεντι < ὀκριόεις, "jagged, rough."

501. ἄψορρον: See on 282.
κεκοτηότι < κοτέω, "be angry."

503. ἀεικελίην: See on ζ.242.
ἀλαωτύν < ἀλαωτύς, "blinding."

504. φάσθαι: imperative force.
πτολιπόρθιον: "sacker of cities."

506. οἰμώξας: See on 395.

507. θέσφαθ = θέσφατα, "divine ordinances/decrees."

508. ἔσκε = ἦν.
ἠΰς: "good, helpful."

509. μαντοσύνῃ < μαντοσύνη, "art of divination."
ἐκέκαστο: 3rd sing., pluperf. of καίνυμαι, "excel/surpass in," + dat.

510. κατεγήρα < καταγηράω, "grow old, age."
κυκλώπεσσιν: dat. of advantage with μαντευόμενος.

512. ὀπωπῆς < ὀπωπή, "sight, vision."

513. ἐδέγμην < δέχομαι, "receive, expect."

514. ἐπιειμένον: See on 214.
ἀλκήν: See on ζ.130.

515. ἄκικυς: "without strength, feeble."

517. δεῦρ(ο): "here, hither."

518. πομπήν: See on ζ.290.
ἐννοσίγαιον: See on ζ.326; subj. of δόμεναι.

520. ἰήσεται < ἰάομαι, "heal, cure."

523. αἰῶνος < αἰών, "life, spirit."

Commentary to *Odyssey* I (IX) 75

524. εὖνιν < εὖνις, "reft/bereaved of," + gen.
εἴσω: "into, in."

525. ὡς: purpose (ἰήσεται = subjunct.) OR "as, since" (ἰήσεται = fut.).

527. ὀρέγων < ὀρέγω, "hold or stretch out."

528. κυανοχαῖτα: voc. of κυανοχαίτης, "dark-haired."

529. ἐτεόν: "truly, really."

530. δός: See on ζ.327.

533. ἐήν < ἐός.

534. ὀψέ: "late, after a long time."
ὀλέσας ἄπο < ἀπόλλυμι.

535. ἐν: with οἴκῳ (St).

536. τοῦ: gen. object with verb of sense perception.

537. ἐξαῦτις: "again, once more; back."
λᾶαν: See on ζ.267.

538. ἐπέρεισε < ἐπερείδω, "push/press on," here, "apply."
ἵν(α): See on 71.
ἀπέλεθρον: "unmeasured, great."

539. μετόπισθε: here, "behind," + gen.

540. See 483.

542. χέρσον: See St.

545. ποτιδέγμενοι < προσδέχομαι, "await, look for."

546. ἐκέλσαμεν < κέλλω, "bring to shore."
ψαμάθοισιν < ψάμαθος, "sand."

547. ἐκ: sc. νηός.

549. See 42.

550. ἀρνειόν: See St.

ἐυκνήμιδες: See on 60.
551. δαιομένων: See on α.23; gen. absolute.
ἔξοχα: adverbial, "especially, outstandingly."
552. κελαινεφέϊ < κελαινεφής, "black-clouded, god of the black cloud."
553. μηρί(α), N pl., "sacrificial thigh bones."
ἐμπάζετο: See on α.271.
554. μερμήριζεν: See on α.427.
556. πρόπαν = intensified πᾶν.
562. ἀνά...λῦσαι: tmesis.
πρυμνήσια: See on 137.
565f. See 62f.